探索与实践：小学语文教育创新与教学多元化研究

崔 娟 著

中国原子能出版社

图书在版编目（CIP）数据

探索与实践 ：小学语文教育创新与教学多元化研究 /
崔娟著. -- 北京 ：中国原子能出版社, 2024. 9.
ISBN 978-7-5221-3658-5

Ⅰ. G623.202

中国国家版本馆 CIP 数据核字第 2024XJ5598 号

探索与实践：小学语文教育创新与教学多元化研究

出版发行	中国原子能出版社（北京市海淀区阜成路 43 号 100048）
责任编辑	陈　喆
责任印制	赵　明
印　　刷	北京天恒嘉业印刷有限公司
经　　销	全国新华书店
开　　本	787 mm×1092 mm　1/16
印　　张	14.75
字　　数	209 千字
版　　次	2024 年 9 月第 1 版　2024 年 9 月第 1 次印刷
书　　号	ISBN 978-7-5221-3658-5　　　定　价　**88.00 元**

网址：**http://www.aep.com.cn**　　　E-mail：**atomep123@126.com**
发行电话：**010-68452845**　　　　　　版权所有　侵权必究

作者简介

崔娟，女，1976 年 1 月 25 日出生，汉族，群众，山东省青岛市黄岛区人。本科毕业于苏州科技学院，获汉语言专业学士学位，任职于山东省青岛西海岸新区隐珠小学一级教师。

从教以来，她不知疲倦，默默耕耘，为教育事业奉献青春年华而无怨无悔。她信奉爱心教育，在工作中捧出一颗心，献出全部情，严在当严处，爱在细微中，努力做好学生的引路人。

她潜心教学研究，努力提高自身素养，所著论文多次获国家级、省级奖励，先后在《教育》期刊上发表了《数管齐下提高识字教学效率》，在《教学管理与教育研究》上发表了《研究与创新并举的小学语文教学策略论述》等文章。先后获得了"黄岛区德育先进班主任""黄岛区优秀教师""青岛市青年教师专业技术人才"等称号，努力实现着自己人生的价值。

前　言

　　语文教育，作为培养学生综合素养和人文精神的重要环节，一直备受教育工作者的关注与探索。在小学阶段，语文教育不仅承担着传授文字知识的使命，更肩负着激发学生阅读兴趣、培养文学情操、提升语言表达能力的责任。然而，面对日新月异的教育形势和多元化的学生需求，传统的语文教学模式已经不能完全适应现代社会的要求。因此，本书应运而生，其旨在深入探讨小学语文教育领域的创新与多元化教学实践，为广大语文教育工作者提供可行的策略和方法。

　　本书立足于当前小学语文教育的现状，深刻探讨了教育创新与教学多元化的迫切性和重要性。在全面分析现有教学模式的基础上，重点阐述小学语文教育在创新设计、创新技能和创新方法等方面的理论和实践。其中，针对传统教学模式的局限性，本书提出一系列有前瞻性的教学理念和方法，以应对当前社会和学生的需求。此外，还从教师角度出发，探讨如何提升教师的创新意识和能力，以及如何借助新技术和教学工具实现教学的多元化和个性化。同时，本书还详细论述了教学多元化的具体实施策略，包括个性化辅导、小组合作学习、项目式学习等，旨在为教师提供丰富的教学策略和方法，以更好地满足学生的学习需求和发展要求。

　　本书通过对教育创新和教学多元化的深入探讨，希望激发读者对语文教育的思考，促进教育改革的深入推进，为小学语文教育的未来发展提供有益借鉴和启示。此外，本书的研究成果还能为语文教育领域的学者、教育管理者提供理论支持和实践指导，推动语文教育的改革与发展，具有广泛的学术和应用前景。

目 录

第一章 小学语文教育理论与创新原则 ···1

　第一节 小学语文课程性质与教育任务 ··1

　第二节 小学语文教育实践的重要作用 ··7

　第三节 小学语文教育创新遵循的原则 ··10

第二章 小学语文教育创新设计的解读 ···15

　第一节 小学语文教育创新设计的特征 ··15

　第二节 小学语文教育创新设计的分类 ··20

　第三节 小学语文教育创新设计的原则 ··23

　第四节 小学语文教育创新设计的要素 ··29

第三章 小学语文的教育内容及其创新 ···38

　第一节 小学语文教育中的识字写字 ··38

　第二节 小学语文教育中的阅读教学 ··55

　第三节 小学语文教育中的口语交际 ··81

　第四节 小学语文教育中的写作教学 ··94

　第五节 小学语文教育中的综合性学习 ··105

第四章 小学语文教育技能的创新探索 ···115

　第一节 小学语文教育技能创新——备课技能 ································115

　第二节 小学语文教育技能创新——目标设计 ································135

　第三节 小学语文教育技能创新——教案编写 ································137

　第四节 小学语文教育技能创新——课堂导入 ································140

第五节　小学语文教育技能创新——课堂提问 ···················· 142

第六节　小学语文教育技能创新——课堂板书 ···················· 145

第五章　小学语文教学方法与模式多元化 ························· 148

第一节　小学语文教学方法的设计与运用 ······················ 148

第二节　小学语文探究式教学模式的构建 ······················ 158

第三节　小学语文的智慧化课堂教学模式 ······················ 160

第四节　小学语文游戏教学模式具体构建 ······················ 183

第六章　小学语文教学策略的多元化研究 ······················· 185

第一节　小学语文的单元整体教学策略 ························· 185

第二节　小学语文的群文整合教学策略 ························· 188

第三节　小学语文的读写结合教学策略 ························· 194

第四节　小学语文教学的指向表达策略 ························· 197

第五节　小学语文教学中的生活化策略 ························· 217

参考文献 ··· 226

第一章

小学语文教育理论与创新原则

第一节　小学语文课程性质与教育任务

一、小学语文课程的性质

语言是人类最重要的交际工具，是人类文化的重要组成部分。工具性与人文性是小学语文课程的基本性质。

（一）小学语文课程的工具性

小学语文课程的工具性指的是语文课程在小学阶段的教学中所扮演的重要角色和功能。语文作为一门基础学科，不仅仅是为了让学生学会读、写、听、说等基本语言技能，更重要的是为他们打下扎实的语言基础，为今后的学习和生活奠定坚实的基础。

第一，小学语文课程的工具性体现在其帮助学生建立起正确的语言表达能力。通过学习语文，学生可以逐步掌握语法、词汇、句型等语言要素，提高自己的语言表达能力，能够准确、流畅地表达自己的思想和情感，这对于他们日后的学习和交流都至关重要。

第二，小学语文课程的工具性还体现在培养学生的阅读能力。阅读是获取知识的重要途径之一，而语文课程则是培养学生阅读能力的重要平台。通

过课堂上的课文阅读、课外阅读等形式，学生可以逐步提高自己的阅读理解能力，培养对文字的理解和分析能力，为日后更深层次的学习打下坚实的基础。

第三，小学语文课程的工具性还表现在促进学生的思维发展。语文学习不仅是对文字的理解和掌握，更重要的是培养学生的思维能力。在课堂上，老师通过提问、讨论等方式引导学生思考，激发他们的思维，培养他们的逻辑思维能力、创造性思维能力等，这对于他们今后的学习和生活都有着重要的意义。

（二）小学语文课程的人文性

1. 小学语文课程目标的人文性

在小学语文课程的目标方面，人文性的体现不仅仅是为了传授文字的意义和表达技巧，更加重要的是培养学生的人文素养和情感态度。语文教育的目标之一是引导学生去感受人类文化的丰富内涵，这意味着不仅是学习语言文字，而是通过文字背后所蕴含的文学、历史、社会等方面的意义来拓宽学生的视野和认知。语文课程的目标之一是激发学生对文学、历史、社会等方面的兴趣和理解，这就要求教育者不仅仅是传授知识，更要激发学生的思考和探索欲望。

因此，语文课程的目标不仅是让学生掌握语言技能，更重要的是要培养他们成为具有人文情怀和社会责任感的公民，这意味着学生不仅是要学会说、读、写、听，更要具备对人文价值的感知和理解，以及对社会的关怀和责任感。因此，在小学语文教育中，人文性的体现不仅是一种教学理念，更是一种社会责任和使命的体现。

2. 小学语文课程内容的人文性

小学语文课程内容的人文性包含四个方面：经典阅读、人文知识、审美因素、文化意蕴。

（1）经典阅读。经典阅读作为语文教育的核心内容之一，承载了丰富的人文内涵。经典文学作品如《三字经》《弟子规》等，不仅包含了丰富的道德教育内容，更是对中国传统文化的精髓进行了传承和展示。通过阅读这些经典，学生可以了解到古代智慧和价值观，培养自己的品格和修养，进而形成正确的人生观和价值观。

（2）人文知识。人文知识作为语文教育内容的重要组成部分，涵盖了文学、历史、哲学等多个领域。学生通过学习诗词歌赋、古代文学名著等，不仅可以提高自己的语言表达能力，还可以了解到中国传统文化的博大精深。同时，通过学习历史知识，学生可以了解到人类社会的发展历程，从而更好地认识自己所处的时代和环境。

（3）审美因素。在小学语文教育中，审美因素的重要性不可忽视。通过欣赏优秀的文学作品、音乐、绘画等艺术形式，学生不仅可以培养自己的审美情趣，还能够提高对美的鉴赏能力，这对于他们的全面发展至关重要。

在小学语文课堂上，教师可以通过引导学生欣赏经典的诗词歌赋、散文以及小说等文学作品，使他们在品读的过程中领略到文字的魅力和艺术的美感。通过对文学作品的深入解读和讨论，学生可以逐渐培养出对文学艺术的理解和欣赏能力，激发他们对文学创作的兴趣，提高他们的文学素养。同时，在语文课堂上，教师还可以引导学生欣赏名家的书画作品，让他们领略到绘画艺术的独特魅力。通过对艺术作品的观察和赏析，学生可以发现艺术中的美，感受到艺术家所表达的情感和思想，从而丰富自己的感受和体验，提高对艺术的理解和欣赏水平。通过在语文课堂上引入艺术欣赏教育，可以有效地激发学生的创造力和想象力，培养他们对美的追求和热爱。艺术作品的欣赏不仅可以开阔学生的思维，还能够丰富他们的感情世界，使他们在成长过程中更加全面、丰富。因此，审美因素在小学语文教育中的重要性不可忽视，它不仅是语文教育的一个重要内容，更是学生综合素质发展的重要保障。

（4）文化意蕴。语文教育内容的人文性在文化意蕴方面尤为显著。除了经典文学作品外，民间传说、民间故事等民间文化内容也应成为教学的重要

组成部分，这些传统文化元素承载着丰富的历史、民俗和价值观念，通过它们的传承与教育，学生可以深入了解不同地域、不同民族的文化特色和生活方式。

民间传说是人们口口相传的故事，它们往往融合了当地的风土人情和历史文化，代代相传，成为人们心中的珍贵宝藏。例如，中国的《白蛇传》《嫦娥奔月》等，都是民间传说中的经典作品，通过这些故事的讲解和阅读，学生可以感受到中国传统文化的深厚底蕴，了解到中华民族的精神内涵和价值追求。此外，民间故事也是语文教育中不可或缺的一部分，这些故事往往生动活泼、寓意深刻，既有助于培养学生的语言表达能力，又能够激发他们的想象力和创造力。通过民间故事的阅读和讲解，学生可以了解到不同地域、不同民族的文化传统和民俗习惯，增强对多元文化的认知和理解。

通过将民间文化内容纳入语文教育的教学内容中，可以帮助学生建立起对自己民族文化的认同感和自豪感，同时也能够增强他们对多元文化的包容心和欣赏能力。这样的教学方式有助于打破地域文化的壁垒，促进不同地区、不同民族之间的交流与融合，为构建一个和谐、包容的社会奠定了坚实的基础。

二、小学语文教育的任务

（一）培养学生的文学素养

小学语文教育的任务之一是培养学生的文学素养，"良好的文学素养能够对学生综合素质的提升产生积极的促进作用"[①]。培养学生的文学素养是一项既具有挑战性又至关重要的任务。文学素养不仅包括对文学作品的欣赏和理解，还包括对语言表达能力以及对文学艺术的认知和鉴赏能力。通过小学

[①] 吴海燕. 浅析小学语文教师如何提升学生的文学素养 [J]. 都市家教（下半月），2015（6）：123.

语文教育，学生应该能够逐步形成扎实的文学基础，培养出对文学的热爱和追求。

第一，小学语文教育应该注重对文学作品的引导和解读。学生在小学阶段接触的文学作品通常以儿童文学和经典文学为主，如童话故事、寓言故事、古诗词等。教师可以通过精心挑选的文学作品，引导学生进入文学世界，感受文字的魅力和意境。通过朗读、诵读等方式，让学生真正地体验到语言的美感和节奏感，从而激发他们对文学的兴趣和热爱。

第二，小学语文教育应该注重对文学语言的学习和运用。语言是文学的载体，而文学作品中的语言又往往具有特定的艺术特色。因此，教师应该通过课堂教学，引导学生深入理解文学作品中的语言表达方式，学习和模仿其中的优秀语言样式，提高自己的语言表达能力。通过写作、演讲等活动，让学生有机会运用文学语言，表达自己的思想和情感，从而培养出独特的文学审美情趣和个性。

第三，小学语文教育还应该注重对文学艺术的认知和鉴赏能力的培养。学生应该能够逐渐了解到文学作品所表达的思想、情感和价值观，理解其中的深层含义和内涵。教师可以通过讲解、分析等方式，引导学生深入思考文学作品背后的意义，提高他们的文学鉴赏能力和批判思维能力。同时，通过学习文学史和文学理论知识，学生可以了解到不同文学流派和文学风格的特点，拓宽自己的文学视野，增强对文学的理解和鉴赏能力。

（二）真、善、美的熏陶和教育

小学语文教育的任务之一是给学生真善美的熏陶和教育。真善美是人类文明的重要标志，也是人类精神世界的基本追求。通过语文教育，学生应该能够接触到真实的、善良的、美好的事物，从而感受到人性的光辉和文化的魅力，培养出积极向上的人生态度和高尚的道德情操。

第一，小学语文教育应该注重给学生真实的熏陶。真实是语文教育的基本要求之一，也是学生认识世界和塑造自我形象的基础。在语文课堂上，教师应

该尽可能地选取真实的文学作品和生活案例，让学生感受到真实生活中的人物形象、情节和事件。通过对真实事物的了解和体验，学生可以拓宽自己的视野，增强对生活的认知和理解，培养出踏实务实的品质和乐观向上的态度。

第二，小学语文教育应该注重给学生善良的熏陶。善良是人类共同的价值追求，也是社会和谐发展的基础。在语文课堂上，教师可以通过选取富有善良情感的文学作品和故事，让学生感受到人性的美好和温暖。通过学习和体验善良的行为和情感，学生可以培养出同情心、友爱心、奉献精神等良好的品质，增强社会责任感和公民意识。

第三，小学语文教育应该注重给学生美好的熏陶。美是艺术的基本属性，也是人类精神生活的重要组成部分。在语文课堂上，教师可以通过选取优秀的文学作品、音乐作品、绘画作品等艺术作品，让学生感受到美的魅力和力量。通过欣赏和品味美的作品，学生可以提高自己的审美能力，培养出对美的追求和热爱，从而丰富自己的精神生活，提升自己的人文素养。

综上所述，小学语文教育的任务之一是给学生真善美的熏陶和教育，这是语文教育的根本目的之一，也是学生全面发展的重要保障。通过真实的熏陶，学生可以拓宽视野，增强认知能力；通过善良的熏陶，学生可以培养出良好的品质和社会责任感；通过美好的熏陶，学生可以丰富精神生活，提升审美能力。因此，小学语文教育应该注重培养学生的真善美观念，使其成为具有真善美情怀的新时代公民。

（三）掌握语文能力与知识

小学语文教育的任务之一是让学生掌握恰到好处的语文能力与知识。语文是人类最重要的交流工具之一，它不仅是传递信息的媒介，更是思想交流、文化传承的重要载体。因此，小学语文教育旨在帮助学生在语言表达、文字理解、文学欣赏等方面建立起恰到好处的能力和知识体系。

第一，语文教育应该注重学生的语言表达能力。在语文课堂上，教师应该通过各种形式的语言训练，如口语表达、写作训练等，帮助学生提高自己的语言表达能力。通过课堂讨论、小组合作等活动，学生可以有机会展示自己的语言表达能力，培养自信心和沟通能力。

第二，语文教育应该注重学生的文字理解能力。文字是语言的书面表现形式，学生应该能够准确地理解和解读文字所表达的意思。在语文课堂上，教师可以通过朗读、阅读等活动，让学生接触到不同类型的文学作品和实用文本，培养他们的阅读理解能力。通过对文本的分析和解读，学生可以逐步提高自己的文字理解能力，从而更好地应对学习和生活中的各种挑战。

第三，语文教育应该注重学生的文学欣赏能力。文学作为语文教育的重要内容之一，不仅可以提高学生的语言修养，更能够丰富他们的精神世界。在语文课堂上，教师可以引导学生欣赏优秀的文学作品，如诗歌、散文、小说等，让他们感受到文学作品所蕴含的情感和思想，培养他们的审美情趣和文学修养。通过文学作品的欣赏和赏析，学生可以逐步提高自己的文学鉴赏能力，增强对文学的兴趣和热爱。

第二节　小学语文教育实践的重要作用

小学语文教育实践在培养学生语言能力、文学素养、思维能力等方面发挥着重要作用。通过各种实践活动，学生不仅可以巩固所学知识，还可以提高自己的综合素养，培养出健康、积极向上的心态和习惯。

一、小学语文教育实践提升学生的语言能力

小学语文教育实践对提高学生的语言能力具有重要作用。"语言能力是运用语言进行信息获取和信息交换的能力，提升学生的语言能力是小学语文教学的重要任务"[①]。语言是人类交流和表达思想的主要工具，良好的语言能力

---

① 张剑萍. 小学语文如何提升学生的语言能力 [J]. 基础教育论坛，2023（1）：62.

对学生的学习、社交和生活都至关重要。在语文教育实践中，通过一系列的活动，学生能够有效地提高听、说、读、写的能力，进而全面发展自己的语言技能。

第一，通过朗读文学作品可以有效提高学生的语言表达能力。朗读是一种训练语言发音、语音语调的有效方法。通过朗读诗歌、故事等文学作品，学生可以模仿其中的语言表达方式，练习语音语调，提高自己的语音准确性和流畅度。例如，学生可以选择优美动人的诗歌，如李白的《静夜思》、朱自清的《背影》，通过反复朗读，逐渐提高自己的语音语调，增强语言表达的自信心和流畅度。

第二，背诵文学经典也是提高语言能力的有效方式。背诵可以帮助学生加深对文学作品的理解，提高词汇量和语言表达能力。通过背诵古诗词、名篇段落等，学生可以逐步提高自己的语言功底和文学素养。例如，学生可以背诵《论语》中的经典语录，如"学而时习之，不亦乐乎""己所不欲，勿施于人"，通过背诵这些古人的智慧言论，不仅可以提高自己的语言表达能力，还可以增强道德修养和人文素养。

第三，讨论和写作也是提高语言能力的重要途径之一。在语文教育实践中，学生可以通过参与课堂讨论、小组合作等活动，锻炼自己的思维能力和表达能力。通过和同学们的交流讨论，学生可以学习到不同的观点和思维方式，拓展自己的思维边界，提高语言逻辑和表达能力。同时，通过写作活动，学生可以将自己的想法和感受用文字表达出来，锻炼自己的文字表达能力和创作能力。例如，学生可以参与辩论赛、演讲比赛等活动，通过与他人的交流互动，提高自己的语言组织能力和表达能力；同时，通过写作作文、日记等，学生可以锻炼自己的文字表达能力和逻辑思维能力，提高语言表达的准确性和丰富度。

二、小学语文教育实践提高学生的思维能力

小学语文教育实践对提高学生的思维能力具有重要作用。思维是人类智

慧的表现，是推动社会进步和个人成长的重要力量。在语文教育实践中，学生可以通过分析、解读、评价文学作品等活动，培养自己的思维能力和批判性思维。这些活动不仅能够帮助学生深入理解文学作品，还能够拓展他们的思维边界，提高逻辑思维能力和判断能力。

第一，通过分析文学作品中的人物形象、情节结构、主题意义等，学生可以提高自己的逻辑思维和分析能力。文学作品是作者对人生、社会等方面思想和情感的表达，其中蕴含着丰富的信息和深刻的内涵。在语文教育实践中，学生可以通过阅读和分析文学作品，了解其中的人物形象塑造、情节设计和主题表达等方面的技巧和奥妙。例如，学生可以分析《西游记》中孙悟空的形象和性格特点，了解其中蕴含的民族精神和人性探讨，从而提高自己的逻辑思维和分析能力。通过对文学作品的深入分析，学生可以培养出批判性思维和创新意识，提高自己的学术素养和创造能力。

第二，通过评价文学作品的优缺点，学生可以培养自己的批判性思维和判断能力。文学作品是多样化的，不同的作品有不同的价值和意义，例如，学生可以评价《红楼梦》中的人物形象和情节安排是否合理，评价《格林童话》中的故事情节和道德意义是否恰当，从而培养出自己的独立思考能力和批判性思维能力。通过评价文学作品的过程，学生可以提高自己的审美能力和品质素养，培养出客观公正的态度和判断能力，为自己未来的学习和生活奠定坚实的基础。

三、小学语文教育实践促进学生的全面发展

小学语文教育实践不仅有助于提高学生的语言能力、文学素养和思维能力，更重要的是促进学生的全面发展。语文教育旨在培养学生的综合素养和全面发展，不仅要注重语言技能的培养，还要关注学生的创造力、合作精神和责任感等品质和能力的培养，从而培养出具有综合素质和创新精神的新时代公民。

第一，语文教育实践有助于提高学生的创造力。创造力是人类进步的源泉，是推动社会发展和个人成长的重要动力。在语文教育实践中，学生可以通过文学创作、语言表达等活动，培养自己的创造力。例如，学生可以参与创作诗歌、小说、散文等文学作品，发挥自己的想象力和创造力，表达自己的思想和情感。通过文学创作的过程，学生可以提高自己的创造能力和创新意识，培养出独立思考和创新精神，为未来的学习和生活奠定坚实基础。

第二，语文教育实践有助于培养学生的合作精神。合作精神是团队合作和社会交往的重要素质，是现代社会所需要的人才必备品质之一。在语文教育实践中，学生可以通过小组合作、讨论、分享等活动，培养自己的合作精神。例如，学生可以在小组里共同阅读文学作品、讨论文学作品的主题和意义，共同完成作业和项目。通过合作学习的过程，学生可以学会倾听他人的意见，尊重他人的想法，培养出团队合作的意识和能力，提高自己的交际和合作能力。

第三，语文教育实践还有助于培养学生的责任感和社会责任意识。责任感是每个公民都应该具备的品质，是成为社会有用之人的重要保障。在语文教育实践中，学生可以通过文学作品、社会实践等活动，培养自己的责任感和社会责任意识。例如，学生可以通过阅读文学作品，了解作品中的人物形象和情节发展，从中领悟到责任感的重要性和义务。同时，学生也可以通过参与社会实践活动，如志愿者服务、环保活动等，实践责任担当，培养自己的社会责任意识和公民素质。通过这些活动的参与，学生可以逐步树立正确的人生观和价值观，培养出健康的人格品质和社会责任感。

第三节　小学语文教育创新遵循的原则

小学语文教育作为培养学生语言能力、文学素养和思维能力的重要环节，其创新发展应当遵循一系列原则，以确保教育的有效性、科学性和可持续性。

一、遵循因材施教的原则

在小学语文教育中，创新应当遵循因材施教的原则，这一原则是一种基于学生个体差异的教育理念，要求教师根据学生的兴趣、能力、特长和学习需求，量身定制个性化的教学方案，以实现个性化的教育目标。在实践中，这意味着教师应该充分关注学生的差异，采用多样化的教学方法和手段，以满足学生的不同学习需求，从而激发学生的学习兴趣，提高他们的学习积极性和主动性。

第一，因材施教的原则要求教师充分了解学生的个体差异。教师应该对学生的兴趣爱好、学习习惯、学习能力等方面有深入的了解，以便更好地把握他们的学习需求。这需要教师与学生建立起良好的沟通与互动，通过观察、交流和评估等方式，深入了解每个学生的学习特点和需求。

第二，因材施教的原则要求教师设计个性化的教学方案。根据学生的个体差异，教师应该灵活调整教学内容、教学方法和教学手段，设计出符合学生实际情况的教学方案。

第三，因材施教的原则要求教师关注学生的学习动机和学习态度。教师应该积极引导学生树立正确的学习态度，激发他们的学习兴趣和学习动力。例如，教师可以通过组织丰富多彩的课堂活动、设置有趣的学习任务、提供及时的反馈和鼓励等方式，激发学生的学习热情，增强他们的学习积极性和主动性。

二、遵循问题导向的原则

小学语文教育创新应当遵循问题导向的原则。问题导向教学以学生的问题为出发点和引导方向，通过解决问题来促进学生的思维发展和能力提升。在小学语文教育中，教师应该引导学生提出问题、探究问题、解决问题，培养学生的批判性思维、创造性思维和解决问题的能力，这一原则的贯彻不仅有助于学生在语文学习中获得更深层次的理解，也能激发他们的学习兴趣和动力。

第一，问题导向教学要求教师充分关注学生的疑问和困惑。在教学过程中，教师应该鼓励学生提出问题，解答学生的疑问，引导学生深入思考和探索。例如，在阅读文学作品的过程中，教师可以鼓励学生提出关于情节、人物、主题等方面的问题，然后带领学生一起探讨和解决这些问题，促进学生的深入理解和思考。

第二，问题导向教学要求教师以问题为中心设计教学活动。教师应该根据学生的学习需求和兴趣，设计能够引发学生思考和探究的教学内容和活动。例如，教师可以选取具有争议性和深度的文学作品，引发学生对其中涉及的问题进行思考和讨论；或者设计一些开放性的问题，让学生通过阅读、写作、演讲等方式展开探讨，培养学生的批判性思维和创造性思维。

第三，问题导向教学要求教师关注学生解决问题的过程。在学生解决问题的过程中，教师应该及时给予指导和反馈，引导学生运用逻辑思维和批判性思维，培养他们解决问题的能力和方法。例如，在学生进行文学作品赏析或写作活动时，教师可以指导学生分析问题、提出观点、论证理由，培养他们的论述能力和表达能力。

三、遵循体验式学习的原则

小学语文教育创新应当遵循体验式学习的原则，对于小学阶段的学生而言，"引导其参与到体验学习中，有助于不断提高学生深入学习与探究的积极性，也能够让学生对学习内容有着更加深刻的印象，对于学生综合语文学习能力的提高起到了重要作用"①。体验式学习是一种通过亲身体验和实践活动

———————

① 李雅琦. 小学语文体验式学习的实践 [J]. 电脑爱好者（电子刊），2020（5）：2997.

来促进学生学习的教学方法，强调学生在学习过程中的主体地位和参与度。在语文教育中，教师应该通过阅读、写作、朗诵、演讲等活动，让学生亲身体验语言的魅力和文学的意义，激发学生的学习兴趣和学习动力。这一原则的贯彻有助于提高学生的语言表达能力和文学素养，促进他们的全面发展。

第一，体验式学习要求教师设计丰富多样的实践活动。在语文教育中，教师可以组织学生进行文学创作、文学表演、文学鉴赏等实践活动，让学生亲身感受语言的魅力和文学的魅力。例如，教师可以组织学生参与文学作品的改编和演出，让他们在实践中体验文学作品的情节和人物，培养他们的语言表达能力和情感体验能力。

第二，体验式学习要求教师注重学生的参与度和主体地位。在实践活动中，教师应该为学生提供充分的参与机会，激发他们的学习兴趣和主动性。例如，教师可以让学生自主选择文学作品进行朗诵或表演，让他们在实践中发挥自己的特长和创造力，提高他们的自信心和表达能力。

第三，体验式学习要求教师关注学生的学习体验和情感体验。在实践活动中，教师应该注重学生的情感体验和情感体验，让他们通过亲身体验和感受，深入理解语言的魅力和文学的意义。例如，教师可以组织学生进行文学作品的情感体验和情感体验，让他们通过角色扮演、情景再现等方式，深刻感受文学作品的情感内涵和人生意义。

四、遵循综合素质教育原则

小学语文教育创新应遵循综合素质教育的原则。综合素质教育是一种教育理念，旨在培养学生的综合素质和能力，注重个性发展和全面发展。在语文教育中，教师应该注重培养学生的语言能力、思维能力、情感态度、审美能力、创新能力等方面的综合素质，使其成为具有良好人文素养和科学素养的新时代公民。

第一，教师可以通过文学作品的欣赏、分析和创作来培养学生的审美情趣和文学修养。通过引导学生欣赏经典文学作品，教师可以帮助他们感受文学作品的美感和内涵，培养他们对文学艺术的欣赏能力。同时，通过分析文学作品的结构、主题、人物等要素，教师可以引导学生深入理解作品背后的文化内涵和社会意义。此外，教师还可以鼓励学生进行文学创作，培养他们的想象力和创造力，提高他们的文学鉴赏水平。

第二，教师可以通过语言表达和思维训练来培养学生的批判性思维和创造性思维。语言是思维的载体，通过语言的表达，学生可以更好地厘清自己的思路，表达自己的观点。因此，教师应该注重培养学生的语言表达能力，引导他们学会用准确、清晰、生动的语言表达自己的思想和感情。同时，通过引导学生分析、比较、评价文学作品，教师可以培养学生的批判性思维和逻辑思维能力。通过开展讨论、辩论等活动，教师还可以培养学生的思辨精神和创新意识。

第三，教师可以通过情感教育和价值观引导来培养学生的情感态度和人格品质。情感是语文教育中不可忽视的重要方面，它与学生的情感态度和人格品质密切相关。因此，教师应该注重培养学生对文学作品的情感体验，引导他们从作品中感受到人性的真善美，并通过作品中的人物和事件，引导学生思考人生的意义和价值。同时，教师还应该注重培养学生的价值观念，引导他们树立正确的人生观、世界观和价值观，培养他们的责任感、奉献精神和社会责任感。

综上所述，小学语文教育创新应当遵循综合素质教育的原则，通过多样化的教学活动和手段，培养学生的语言能力、思维能力、情感态度、审美能力、创新能力等方面的综合素质，促进学生的全面发展和综合素质提升。只有在教师的引导下，学生才能在语文学习中获得更加全面的发展，成为具有良好人文素养和科学素养的新时代公民。

第二章

小学语文教育创新设计的解读

第一节　小学语文教育创新设计的特征

从内容上看，教育设计有广义和狭义之分：广义的教育设计指的是"把课程设置计划（总体规划及各门具体课程计划）、课堂教育过程、媒体教育材料看作教育系统的不同内容层次所进行的系统设计"[①]；狭义的教育设计就是指对某一门课程或某一教育单元、单课或某一项培训这些较小教育系统的设计。无论是广义还是狭义的教育设计，一般都包括目标、内容、结构、课时、方法、媒体、场所、人员、测验等组成部分。若没有特指，学校中的教育设计是指教育单元或单课的设计。在当前的小学语文教育创新设计中，一般具有以下特征：

一、以学习者为中心

学习者中心表达的是以人为本、基于学习与知识创新的现代教育设计理念。学习者中心的创新设计意在强调把学习者作为教育设计活动的聚焦点，一切设计活动均围绕有利于学习者学习与发展的教育实践而展开。而不是依照设计的流程而展开学习者中心的教育设计关注人类学习研究的新成果并以教育发展的系统科学观为基本依据。

[①] 李艳. 小学语文教育创新实践研究［M］. 长春：吉林文史出版社，2021：26.

小学语文教育的创新设计特征主要体现在以学习者为中心的理念上，这一特征意味着教育者应该将学生的需求、兴趣、能力和学习方式置于教学设计的核心位置，以满足每个学生的个性化学习需求，促进其全面发展。在实践中，以学习者为中心的教育设计不仅需要关注学生的学习特点，还需要关注他们的情感态度、社会互动等方面，以营造一个促进学生全面成长的学习环境。

第一，以学习者为中心的教育设计强调个性化学习。在小学语文教育中，教师应该了解每个学生的学习习惯、兴趣爱好、学习能力等方面的个体差异，根据学生的不同特点设计差异化的教学方案。例如，对于阅读能力较强的学生，可以提供更丰富多样的阅读材料和挑战性的阅读任务；对于口语表达能力较弱的学生，可以采用小组合作、角色扮演等方式，提高其口头表达能力。通过个性化的学习设计，可以激发学生的学习兴趣，提高他们的学习积极性和主动性。

第二，以学习者为中心的教育设计注重情感态度的培养。在小学语文教育中，培养学生的情感态度是至关重要的，它不仅关系到学生对语文学科的兴趣和热爱，还关系到学生的人格发展和社会适应能力。因此，教师应该注重培养学生对语文学科的情感态度，引导他们树立正确的学习态度和人生观。通过语言表达和情感交流，教师可以引导学生树立正确的人生观和价值观，培养他们的责任感、合作精神和社会责任感。

第三，以学习者为中心的教育设计注重社会互动和合作学习。在小学语文教育中，教师应该营造一个积极、和谐的学习氛围，鼓励学生之间的互动交流和合作学习。通过小组讨论、合作探究等方式，教师可以促进学生之间的交流合作，激发他们的学习兴趣和动力，提高他们的学习效果和成绩。同时，教师还可以组织学生参与一些社会实践活动，让他们将语文学习与实际生活相结合，增强他们的实践能力和创新意识。

二、关注真实世界的表现

小学语文教育创新设计的特征之一是关注真实世界的表现，这一特征意味着教育者在设计教学内容和活动时，应该紧密结合学生的实际生活和社会环境，使学习内容具有现实性、实用性和可操作性，帮助学生建构对真实世界的理解和认知，促进他们的综合素质和能力发展。

第一，关注真实世界的表现要求教育者将教学内容与学生的日常生活和社会实践相结合。在小学语文教育中，教师可以选取与学生生活密切相关的文学作品、实践活动和案例分析，使学生能够通过学习语文内容，了解并体验真实世界的各种现象和情境。例如，在阅读课文时，教师可以选择描写生活场景丰富、与学生生活息息相关的文学作品，如描写家庭生活、校园生活、社会活动等内容的故事或文章，让学生通过阅读感受生活的鲜活和多彩。

第二，关注真实世界的表现要求教育者注重教学内容的实用性和可操作性。在小学语文教育中，教师不仅要传授语言知识和文学常识，更要培养学生的语言表达能力、思维能力和实践能力，使他们能够灵活运用语言进行交流和表达，解决实际生活中遇到的问题。因此，在设计教学内容和活动时，教师应该注重培养学生的实际应用能力，引导他们通过语文学习解决生活中的实际问题，提高他们的实践能力和创新意识。

第三，关注真实世界的表现要求教育者注重学生的情感体验和社会参与。在小学语文教育中，教师应该引导学生通过语文学习感受生活的情感体验和社会参与，培养他们的情感态度和社会责任感。例如，在文学作品的欣赏和分析过程中，教师可以引导学生感受作品中的情感表达和价值观念，激发他们的情感共鸣和情感交流，培养他们的情感体验能力和情感表达能力。同时，教师还可以组织学生参与一些社会实践活动，让他们将语文学习与社会实践相结合，增强他们的社会参与意识和社会责任感。

三、数据支撑教学设计与实施

小学语文教育创新设计的特征之一是数据支撑教育设计与实施，这一特

征意味着教育者在教学设计和实施过程中，应该充分利用各种数据资源，包括学生的学习数据、教学评估数据、教学资源数据等，以科学、客观的数据为支撑，优化教学设计，提高教学效果，实现教育教学的个性化、差异化和有效性。

第一，数据支撑教育设计与实施需要充分利用学生的学习数据。在小学语文教育中，学生的学习数据包括学习成绩、学习进度、学习兴趣等方面的数据信息。通过收集和分析学生的学习数据，教师可以了解每个学生的学习特点和学习需求，发现学生的学习困难和问题，为个性化教学提供有力支持。例如，通过分析学生的阅读能力和口语表达能力等数据，教师可以针对不同学生的实际情况，采取差异化的教学策略和方法，帮助他们解决学习困难，提高学习效果。

第二，数据支撑教育设计与实施需要充分利用教学评估数据。教学评估是教育教学的重要环节，通过对学生学习情况和教学效果的评估，可以及时发现问题、调整教学方案、优化教学过程，提高教学质量和效果。在小学语文教育中，教师可以通过定期组织测验、考试、作业等形式的评估活动，收集学生的学习数据，了解他们的学习情况和水平。通过分析评估数据，教师可以及时发现学生的学习差异和问题，调整教学策略和方法，个性化地指导学生学习，提高教学效果。

第三，数据支撑教育设计与实施需要充分利用教学资源数据。教学资源是支撑教育教学的重要保障，包括教学用书、教学设备、教学环境等方面的资源。在小学语文教育中，教师可以通过收集和分析各种教学资源的数据，了解资源的使用情况和效果，为教学设计和实施提供依据和支持。例如，通过分析教学用书的内容和质量，教师可以选择适合学生学习的教材，设计符合学生实际情况和需要的教学内容和活动；通过评估教学设备和教学环境的配备和使用情况，教师可以优化教学资源配置，提高教学效果和效率。

四、强调评价手段的信度和效度

小学语文教育创新设计的特征之一是强调评价手段的信度和效度，这一特征意味着在设计和实施语文教育评价时，教育者应当注重评价手段的可信度和有效性，确保评价结果准确地反映学生的语文学习水平和能力，为教学改进和学生发展提供可靠依据。

第一，强调评价手段的信度。评价手段的信度是指评价工具能够稳定地反映被测对象的特质或能力，具有一致性和稳定性的特点。在小学语文教育中，教育者应当选择具有较高信度的评价工具，确保评价结果的稳定性和可靠性。例如，在考试评价中，可以通过设计一套合理的试卷，采用科学严谨的评分标准，保证评分的公正性和客观性，从而提高评价结果的信度。

第二，强调评价手段的效度。评价手段的效度是指评价工具能够准确地反映被测对象的真实情况或能力水平，具有预测、区分和诊断能力的特点。在小学语文教育中，教育者应当选择具有较高效度的评价工具，确保评价结果与学生的实际语文学习情况密切相关。例如，在口语表达能力评价中，可以采用情景模拟、角色扮演等形式，考查学生的实际口语表达能力，从而提高评价结果的效度。

第三，强调评价手段的综合性。评价手段的综合性是指评价工具能够全面地反映被测对象的多个方面或维度，具有全面性和多样性的特点。在小学语文教育中，教育者应当采用多种评价手段，综合考查学生的语文学习水平和能力，确保评价结果的全面性和客观性。例如，在综合评价中，可以结合考试成绩、作业表现、口头表达能力等多种评价手段，全面了解学生的语文学习情况，从而更准确地评价学生的语文学习水平和能力。

第四，强调评价手段的反馈功能。评价手段的反馈功能是指评价工具能够及时地向学生和教师提供有益的反馈信息，帮助他们了解自己的学习情况和教学效果，促进他们的进一步改进和发展。在小学语文教育中，教育者应

当注重评价结果的反馈作用，及时向学生和教师提供具体的评价意见和建议，引导他们进行有效的学习和教学。例如，在评价结果中，可以针对学生的学习表现和问题提供具体的指导意见，帮助他们改进学习方法，提高学习效果；同时，可以针对教师的教学策略和方法提供专业的建议，促进教学质量的提高。

第二节　小学语文教育创新设计的分类

一、依据设计行为所涉对象分类

小学语文教育创新设计的分类可以根据设计行为所涉及的对象来划分，主要包括自我设计、对象性设计和互动设计三种类型。

第一，自我设计是指教育者在教学过程中主动对自身进行设计和改进的行为。在小学语文教育中，自我设计可以体现为教师对自身教学理念、方法和策略的反思和调整。教师可以通过自我反思和专业发展，不断提升自身的教学水平和能力，使教学更具有效性和针对性。例如，教师可以反思自己的教学方法是否适合学生的学习特点和需求，是否能够激发学生的学习兴趣和主动性，然后根据反思结果进行相应的教学设计和改进。

第二，对象性设计是指教育者针对特定的学习对象进行教学设计和改进的行为。在小学语文教育中，对象性设计可以体现为教师根据学生的学习特点和需求，设计符合其认知发展水平和学习能力的教学内容和活动。教师需要充分了解学生的学习情况和学习需求，根据不同学生的实际情况进行个性化教学设计，帮助他们更好地理解和掌握语文知识和技能。例如，针对阅读能力较弱的学生，教师可以采用分层阅读教学法，根据学生的阅读水平和兴趣，选择适合其阅读能力的文学作品进行教学，从而提高其阅读理解能力和阅读兴趣。

第三，互动设计是指教育者在教学过程中注重学生与环境、学生与学生之间的互动，促进学生的学习和发展的行为。在小学语文教育中，互动设计可以体现为教师创设丰富多样的学习情境和交流平台，鼓励学生参与教学活动，积极互动。教师可以组织学生进行小组讨论、角色扮演、课堂演讲等互动性活动，促进学生之间的交流和合作，共同探讨和解决问题，提高学生的思维能力和语言表达能力。例如，教师可以设计小组合作阅读活动，让学生分工合作，共同阅读文学作品并进行讨论，通过互动合作提高学生的阅读理解能力和思维水平。

二、依据设计行为所涉过程分类

小学语文教育创新设计可以根据设计行为所涉及的过程进行分类，主要分为事先设计、事中设计和事后设计三类，这三种设计过程反映了教育者在教学活动中不同阶段的设计行为和策略，为教学的全面发展提供了有效的指导和支持。

第一，事先设计，又称为预设性设计，是指教育者在教学活动开始之前进行的设计和准备工作。在小学语文教育中，事先设计包括教学目标的设定、教学内容的选择和组织、教学资源的准备等。教育者通过对学生的学习需求和教学环境的分析，制订相应的教学计划和教学策略，为教学活动的顺利开展奠定基础。例如，在事先设计阶段，教师可以根据学生的年龄特点和学习水平，设定符合其认知发展水平和学习能力的教学目标，选择适合其学习需求和兴趣的教学内容和教学资源，为教学活动的有效实施作好充分的准备。

第二，事中设计，也称为生成性设计，是指教育者在教学活动进行中根据实际情况进行的设计和调整。在小学语文教育中，事中设计包括教学方法的调整、教学过程的管理和引导、学生学习情况的监测和评估等。教育者根据学生的学习反应和教学效果，灵活调整教学策略和方法，确保教学活动的顺利进行和学习效果的达到。例如，在事中设计阶段，教师可以根据学生的学习情况和反馈信息，及时调整教学方法和内容，采取不同的教学策略和手段，帮助学生克服学习困难，提高学习效果。

第三，事后设计，又称为反思性设计，是指教育者在教学活动结束后对教学过程和结果进行的反思和总结。在小学语文教育中，事后设计包括教学过程的回顾、教学效果的评估和反思、教学经验的总结和分享等。教育者通过对教学活动的反思和总结，发现问题和不足，吸取教训，为今后的教学活动提供经验和借鉴。例如，在事后设计阶段，教师可以回顾教学过程，分析教学效果和学生表现，总结教学经验和教训，为今后的教学活动提供指导和参考。

三、依据设计行为的不同层次分类

小学语文教育的创新设计可按照不同层次的设计行为进行分类，分别是宏观设计、中观设计和微观设计。

第一，宏观设计涉及课程设置的总体规划，以及各门具体课程计划、课堂教育过程和媒体教育材料等教育系统的不同内容层次的系统设计。在宏观设计中，教育者关注的焦点是课程计划、课程标准和教育模式等方面，这些成果的表现形式是以整体教育体系的规划和设计为主。宏观设计为教育提供了框架和指导原则，有助于确立教育目标和实现教学的整体效果。

第二，中观设计是基于宏观设计的基础上，针对具体的某一门课程展开的设计行为。在中观设计中，教育者依据课程计划和标准，着重对某一门课程的内容、教学方法以及教学资源等进行设计和安排。教育者通常以教材为主要设计成果，通过精心设计的教材内容和教学方法，帮助学生更好地理解和掌握语文知识和技能。

第三，微观设计是在中观设计的基础上进行的，主要针对某一学期、某一单元或某一课时的具体教学活动进行系统设计。在微观设计中，教育者根据教材及相关教育资源，设计并制定具体的教育方案，包括课堂教学安排、教学活动设计以及评估方法等。微观设计的主要目的是在课堂教学中落实教学目标，促进学生的学习和发展。

　　尽管作为教师，需要对宏观、中观和微观三个层次的教育设计都有所了解，但从教育实践的角度来看，教师主要还是关注微观层次的教育设计。因为微观设计直接涉及课堂教学的具体实施，对于教师而言更具操作性和指导意义，能够直接指导和影响学生的学习效果。因此，在教学实践中，教师需要注重微观层次的教育设计，不断改进和优化教学活动，以提高教学效果和学生学习的质量。

第三节　小学语文教育创新设计的原则

　　"小学语文教育是小学语文新课程改革的重要组成部分，是实施素质教育的基本条件"[①]，在小学语文教育的基础上，通过创新设计，可以进一步提升教学效果，激发学生的学习兴趣和创造力。在小学语文教育创新设计中，需要遵循以下原则：

一、系统性原则

　　小学语文教育是培养学生语言能力、文化素养和人文情怀的重要阶段，其创新设计需要遵循一系列的系统性原则，以确保教育目标的全面实现和学生综合素质的提升。小学语文教育创新设计的系统性原则主要体现在以下方面：

　　第一，立足学生发展需求：教育应当以学生的成长为本，根据其年龄特点、认知水平和兴趣爱好，设计相应的教学内容和方法，激发学生学习的主动性和积极性。

　　第二，注重情感体验与文化积淀：在注重情感体验与文化积淀的教育环

---

① 刘雅珊. 小学语文教育研究［J］. 中文信息. 2017（12）：134.

境中，学生能够深入感受文字背后蕴含的情感和文化内涵。通过文学作品、传统诗词等形式，学生不仅仅是在学习语言，更是在体验情感的共鸣，增强对文化的认同感。这样的学习过程不仅能够培养学生的审美情趣，还能够激发他们的人文精神，使他们更加关注和理解人类文明的发展历程。通过情感体验和文化积淀的教育，学生的语文素养将得到全面提升，他们将成为具有深厚情感底蕴和文化素养的语文学习者。

第三，整合跨学科知识：整合跨学科知识是为了拓宽学生的视野，使他们能够将语文知识与其他学科相结合，形成更为全面的认知体系。通过与历史、地理、科学等学科的融合，学生可以更深入地理解语文所涉及的文本背后的社会背景、科学原理等，从而提高他们的综合素质和跨学科解决问题的能力。例如，在语文课堂上通过阅读历史故事、地理资料等，不仅能够理解文字表面的意义，还能够了解历史背景、地理环境等对文本的影响，从而形成更为丰富的认知。这样的整合不仅有助于增强学生的学科综合能力，还能够培养他们的跨学科思维和解决问题的能力，为其未来的学习和生活奠定坚实的基础。

第四，重视实践操作与生活应用：重视实践操作与生活应用是为了让学生在语文学习中获得更深刻的理解和实际运用能力。将语文知识与实际生活相结合，可以帮助学生更好地理解语言的作用和价值。通过实践操作，如写作、口语表达等活动，学生可以将所学的语文知识运用到实际中，表达自己的思想、情感，增强语文实际运用能力。例如，通过模拟情景演绎、实地调查等方式，让学生在实际生活中应用所学的语文知识，加深对语言运用的理解。这样的教学方法能够激发学生的学习兴趣，提高他们的学习积极性，培养他们的语文实际运用能力，使其能够更好地适应未来的学习和生活挑战。

第五，倡导个性化发展与差异化教学：倡导个性化发展与差异化教学是为了更好地满足学生个体差异的学习需求，使每个学生都能够充分发展自己的潜能。通过采用差异化教学策略，教师可以根据学生的学习风格、兴趣爱好、学习能力等方面的差异，量身定制不同的教学方案和教学内容，以便更好地满足他们的学习需求。例如，对于学习能力较强的学生，可以提供更深入、更广泛的学习材料和挑战性的任务；而对于学习能力相对较弱的学生，则可以采取更为温和、细致的教学方法，帮助他们逐步提高。通过这样的个性化和差异化教学，每个学生都能够在自己的学习道路上找到适合自己的方向，发挥出自己的潜能，实现个性化的发展。这样的教学理念不仅能够提高学生的学习效果，还能培养他们的自信心和学习动力，为他们的未来发展奠定坚实的基础。

第六，以任务驱动为导向：以任务驱动为导向的教学方法注重通过设计具有挑战性和实践性的任务来激发学生的学习兴趣和学习动力。这样的任务要求学生在解决问题的过程中运用所学知识，培养他们的自主学习和合作学习能力。例如，组织学生开展课外调研、实验项目或团队合作活动，让他们在实践中探索、发现并解决问题，从而培养他们的实践能力和创新意识。通过这样的任务驱动教学，学生能够更加主动地参与学习过程，培养他们的问题解决能力和团队协作精神，实现全面发展。

第七，强调教师专业发展与团队协作：强调教师专业发展与团队协作是教育改革的重要方面。教师作为教育的中坚力量，应当不断提升自身的教学水平和专业素养，以适应时代发展的需求。同时，重视团队协作，与同事共同探讨、研究教学问题，促进教育教学的创新与发展。通过团队合作，教师们可以分享经验、借鉴他人的教学方法，不断改进教学方式，提高教学质量，为学生提供更优质的教育资源和服务。这种强调教师专业发展与团队协作的教育理念，有助于构建一个积极向上、团结协作的教育团队，推动学校教育事业不断向前发展。

第八，倡导社会参与和家校合作：倡导社会参与与家校合作是促进学生全面成长的重要途径。学校、家庭和社会应加强沟通与合作，共同关心学生的成长。家庭是学生成长的第一课堂，学校是他们知识的源泉，社会则提供实践的舞台。通过密切合作，可以为学生打造丰富多彩的成长环境，拓展他们的视野和经验。学校可以与家长密切合作，了解学生的家庭背景和特点，制定更有针对性的教育方案。同时，学校也可以与社会资源对接，为学生提供更广阔的发展平台。这种三方合作的教育生态能够为学生提供更加全面和多元的成长环境，促进他们身心健康、全面发展。

二、综合性原则

小学语文教育创新设计的综合性原则涵盖了多个方面，其中之一是注重情感体验。传统的语文教育往往偏重知识传授和考试成绩，而忽视了学生的情感体验。因此，在创新设计中，应该引导学生通过阅读、讨论和写作等方式，深入感受文字背后所蕴含的情感和思想，从而培养学生的情感表达能力和情商。通过与文学作品的亲密接触，学生可以更好地理解人物的内心世界，感受到人生的喜怒哀乐，进而提升自身的情感认知和情感表达能力。另一个重要原则是关注个性发展。每个学生都是独一无二的个体，有着不同的兴趣、特长和学习方式。因此，在语文教育的创新设计中，应该充分尊重和关注学生的个性发展。教师可以采用多样化的教学方法和资源，为学生提供更多选择和发挥空间，激发他们的学习兴趣和潜能。同时，也应该注重个性化的学习指导，根据学生的不同特点和需求，量身定制教学计划，帮助他们实现个性化的学习目标。通过关注个性发展，可以更好地激发学生的学习动力，提高他们的学习效果和学习满意度。

三、反馈性原则

小学语文教育创新设计的反馈性原则是指在教学过程中，教师、媒体和学生之间相互作用、相互反馈的过程。在小学语文教学中，教师通过不同的教学媒体向学生传递教学信息，而学生则通过这些媒体进行学习，形成了一种信息的循环流动。在这个过程中，教师和学生之间进行着持续的信息交流与反馈，以促进教学的有效进行。

第一，反馈性原则要求教师根据学生的学习情况及时调整教学策略和方法。通过观察学生的学习反应、听取他们的意见和建议，教师可以及时了解到学生的学习需求和困难，从而灵活地调整教学内容和方式，使教学更加贴近学生的实际情况，提高教学的针对性和有效性。

第二，反馈性原则要求教师利用现代教学媒体来丰富教学手段，提供更加多样化和个性化的学习体验。随着现代科技的发展，教学媒体不断更新换代，如电子白板、多媒体课件、网络资源等，这些媒体为教师提供了丰富多彩的教学工具。通过利用这些媒体，教师可以生动地展示教学内容，激发学生的学习兴趣，同时也可以根据学生的学习特点和需求，个性化地设计教学内容，提供更加贴近学生实际生活和学习兴趣的教学资源。

第三，反馈性原则还要求学生通过媒体反馈自己的学习情况和感受，积极参与教学过程。学生可以通过课堂互动、作业提交、在线讨论等方式，向教师反馈自己的学习进度、困难和意见，从而帮助教师更好地了解学生的学习情况，及时进行教学调整和指导。此外，学生还可以利用教学媒体进行自主学习和探究，积极参与课外阅读、作文创作等活动，丰富自己的语文知识和能力。

总而言之，小学语文教育创新设计的反馈性原则是教师、媒体和学生之间信息交流与互动的重要保障。通过及时的信息反馈和调控，可以使教学更加贴近学生的实际需求，提高教学的有效性和针对性，从而促进学生的全面发展。

四、伦理性原则

小学语文教育创新设计的伦理性原则是指在设计和实施教育方案时应当遵守的基本行为准则，旨在确保教育活动的合法、公正、道德和人文价值，这些原则不仅关乎学生的个人发展和教育质量，也涉及社会的整体利益和文化的传承。在小学语文教育中，伦理性原则的遵循对于教师、学生和整个教

育系统都至关重要。

第一，伦理性原则要求教师在教学设计中尊重学生的个体差异和人格尊严。每个学生都是独特的个体，有着不同的学习特点、兴趣爱好和价值观念。因此，在语文教育的创新设计中，教师应该关注学生的个体差异，充分尊重学生的人格尊严，不偏袒、不歧视任何一个学生。同时，教师还应该积极倡导尊重、理解和关爱的教育理念，引导学生树立正确的人生观、价值观和道德观，培养他们健康、积极、向上的人格品质。

第二，伦理性原则要求教师在教学过程中遵循公平公正的原则。教育是公平公正的事业，每个学生都应该享有平等的学习机会和教育资源。因此，在语文教育的创新设计中，教师应该严格遵守公平原则，不偏私、不搞特权，公正地对待每一个学生。教师应该根据学生的实际情况和需求，采用合理的教学方法和评价标准，帮助每个学生充分发展自己的潜能，实现个人的自我价值。

第三，伦理性原则还要求教师在教学过程中注重教育的道德和人文价值。语文教育不仅是知识的传授，更是人格、品德和情感的塑造。因此，在语文教育的创新设计中，教师应该注重培养学生的道德情操和人文精神，引导他们树立正确的人生观、价值观和道德观。教师可以通过文学作品的阅读和讨论，引导学生感悟人生的真、善、美，培养他们的审美情趣和道德情操，让语文教育成为人格、品德和情感的升华之地。

五、媒体组合性原则

小学语文教育创新设计的媒体组合性原则是指在小学语文教育中，其教学过程应根据教学目标和学生需求，合理选择和优化组合不同类型的教育教学媒体，以达到更好的教学效果。不同的教学媒体具有各自独特的功能特性和优势，但也存在着各自的局限性，因此需要进行巧妙的组合运用，既发挥各自的长处，又弥补彼此的不足。

第一，传统教学媒体与现代教学媒体在语文教育中都发挥着重要作用。传统教学媒体如黑板、教科书等具有直观、简单、易于掌握的特点，适用于简单概念的讲解和基础知识的传授。而现代教学媒体如多媒体课件、互动电子白板等则具有生动、形象、丰富的特点，能够激发学生的学习兴趣，提高教学的趣味性和效率。因此，在教学设计中，教师可以根据教学内容和学生特点，灵活运用传统和现代教学媒体，以实现教学的多样性和综合性。

第二，不同种类的现代教学媒体也各具特点，可以相互补充和增强。例如，教师可以结合多媒体课件和网络资源，利用图片、音频、视频等多种形式展示语文知识，帮助学生形象地理解和记忆。同时，教师还可以结合互动电子白板和在线讨论平台，开展课堂互动和小组合作，促进学生之间的交流和合作，培养他们的合作精神和团队意识。通过合理组合不同类型的现代教学媒体，可以充分发挥它们的优势，提高教学的多样性和交互性。

第三，媒体组合性原则还要求教师根据教学目标和学生需求进行灵活调整和优化。例如，在讲解抽象概念和复杂知识时，教师可以借助多媒体课件和互动电子白板，通过图文并茂、形象生动的展示方式，帮助学生理解和掌握知识；而在进行课堂互动和讨论时，教师可以借助在线讨论平台和移动学习应用，引导学生积极参与，提高课堂效率和质量。

第四节 小学语文教育创新设计的要素

一、小学语文教育创新设计的一般要素

（一）教材分析

小学语文教育创新设计中的教材分析是其中的一个要素，它涉及对教材内容、结构和特点的全面了解和分析。通过对教材的深入分析，教师可以更

好地把握教学内容的重点和难点，合理安排教学进度，设计出更符合学生学习需求的教学方案。

第一，教材分析要关注教材的内容覆盖面和层次结构。教材内容的覆盖面直接关系到学生的知识面和学习水平，因此，教师需要仔细分析教材中涉及的各个知识点和技能要求，确保教学内容的全面性和系统性。同时，教师还应该分析教材的层次结构，了解各个知识点之间的逻辑关系和学习顺序，为学生的知识积累和能力提升提供清晰的路径和框架。

第二，教材分析要关注教材的教学目标和教学方法。教材中所包含的教学目标是教师进行教学设计的重要依据，因此，教师需要仔细分析教材中所设定的教学目标，确保自己的教学活动与教材目标相一致。同时，教师还应该根据教材的特点和学生的实际情况，灵活选择和运用各种教学方法，使教学更加生动有趣，提高学生的学习积极性和主动性。

第三，教材分析要关注教材的文化内涵和时代特色。语文教材不仅是知识的传授，更是文化的传承和时代精神的体现。因此，教师在进行教材分析时，要关注教材中蕴含的文化内涵和时代特色，引导学生深入理解和感悟文本背后所蕴含的思想、情感和价值观，培养他们的人文素养和文学修养。

第四，教材分析要关注教材的评价体系和反馈机制。教材中所设定的评价标准和评价方式直接影响到教学的质量和效果，因此，教师需要仔细分析教材中所包含的评价体系，确保教学活动与评价标准相一致，同时也要关注教材中所提供的反馈机制，及时了解学生的学习情况和成绩表现，为教学调整和优化提供参考依据。

（二）学情分析

小学语文教育创新设计中的另一个要素是学情分析。学情分析是指对学生的基本情况、学习特点和学习需求进行全面深入的调查和研究，从而为教学设计提供科学依据和指导。通过学情分析，教师可以更准确地把握学生的学习状况，个性化地设计教学方案，提高教学效果和学习质量。

第一，学情分析要关注学生的学习基础和学习能力。不同学生在语文学习方面存在着差异，有的学生基础较好，学习能力较强，而有的学生则相反。因此，教师需要对学生的学习基础和学习能力进行细致分析，了解每个学生的学习水平和潜在能力，为针对性教学提供依据。

第二，学情分析要关注学生的学习兴趣和学习动机。学生的学习兴趣和学习动机直接影响到他们的学习态度和学习效果。因此，教师需要了解学生的兴趣爱好和学习动机，激发他们的学习热情，调动他们的学习积极性，使教学更加生动有趣。

第三，学情分析还要关注学生的学习特点和学习需求。每个学生都是独特的个体，有着不同的学习特点和学习需求。因此，教师需要了解学生的学习方式、学习习惯和学习偏好，为他们提供个性化的学习指导和帮助，使每个学生都能得到充分的发展和满足。

（三）教学设计

1. 教学重难点设计

小学语文教育创新设计中的重要一环是教学重难点设计，这一要素涉及对教学内容中的重点和难点进行识别和分析，以便教师有针对性地进行教学设计，帮助学生更好地掌握关键知识和技能。

（1）教学重难点设计需要对教材内容进行细致剖析，准确确定出教学中的重点和难点。重点是指在教学内容中具有重要地位、具有较高学习价值的知识点或技能要求，而难点则是指学生在学习过程中容易出现理解困难或掌握困难的内容。通过对教材内容的深入分析，教师可以清晰地界定出教学的重点和难点，为教学活动的有针对性和有效性提供依据。

（2）教学重难点设计需要针对性地选择教学方法和策略，帮助学生克服学习难点，提高学习效果。针对教学的重点内容，教师可以采用讲解、示范、演示等直接教学方法，以帮助学生准确理解和掌握知识点。而对于教学的难点内容，教师则可以采用启发式教学、探究式学习等探索性教学方法，引导学生主动思考和探索，提高他们的学习兴趣和学习动机。

（3）教学重难点设计还需要注重教学过程中的巩固和拓展。在教学过程中，教师不仅要帮助学生克服重难点，还要注重对学生已掌握知识的巩固和拓展。通过反复训练和练习，巩固学生的基础知识和技能；通过延伸和拓展，引导学生进一步探索和应用知识，提高他们的学习深度和广度。这样既能够强化学生的学习成果，又能够拓展他们的学习视野，促进他们的全面发展。

2. 教学过程设计

小学语文教育创新设计中的教学过程设计是指根据教学目标和学生特点，合理安排教学活动和课堂组织，以达到最佳的教学效果。

（1）教学过程设计要充分考虑学生的实际情况和学习需求。每个学生都是独特的个体，有着不同的学习方式、学习习惯和学习特点。因此，在教学过程设计中，教师应该根据学生的实际情况和学习需求，合理安排教学内容和教学活动，以最大程度地满足学生的学习需求和学习兴趣。

（2）教学过程设计要注重教学方法和手段的灵活运用。不同的教学内容和教学目标需要采用不同的教学方法和手段。因此，在教学过程设计中，教师应该根据具体情况灵活选择和运用各种教学方法和手段，以达到最佳的教学效果。例如，对于抽象概念和复杂知识，可以采用示范、讲解等直接教学方法；对于启发思维和培养创新能力，可以采用探究式学习、问题解决等探索性教学方法。

（3）教学过程设计还要注重教学活动的组织和管理。良好的课堂组织和管理是教学过程顺利进行的重要保障。同时，教师还应该灵活应对课堂中出现的各种情况，及时调整教学策略和方法，保持课堂的活跃和秩序。

综上所述，教学过程设计是小学语文教育创新设计中的关键要素，它涉及教学内容和教学方法的选择和运用，以及教学活动的组织和管理。只有通过科学合理地设计和实施教学过程，教师才能更好地引导学生学习，提高教学效果和学习质量。

3. 教学方法设计

小学语文教育创新设计的关键要素之一是教学方法设计。在教学方法设计中，教师需要根据学生的特点、教学内容和教学目标，灵活选择和运用各种教学方法，以促进学生的有效学习。

（1）教学方法设计需要充分考虑学生的个体差异和学习需求。例如，对于喜欢动手操作的学生，可以采用实践性教学方法；对于喜欢思考问题的学生，可以采用启发式教学方法。

（2）教学方法设计要与教学内容和教学目标相匹配。不同的教学内容和教学目标需要采用不同的教学方法。例如，对于抽象概念和理论知识，可以采用直观化教学方法，通过图像、实例等形象化手段来帮助学生理解和掌握知识；而对于实践性技能和能力培养，可以采用实践性教学方法，通过实际操作和实践活动来培养学生的能力和技能。

（3）教学方法设计还需要注重课堂教学的互动性和趣味性。在课堂教学中，教师应该设计丰富多彩的教学活动，鼓励学生积极参与，促进师生之间的互动和交流。例如，可以通过小组讨论、角色扮演、游戏等形式，激发学生的学习兴趣，提高教学效果。

4. 教学评价设计

"小学语文教学评价是以人为本的、动态的、多元化的评价体系，是课堂教学的重要组成部分，决定着课堂教学的走向，影响着教学效果"[①]。教学评价设计旨在通过合理的评价方法和评价标准，对学生的学习过程和学习成果进行全面客观的评价，以促进学生的学习动力和学习效果。

（1）教学评价设计需要明确评价目标和评价内容。在教学评价设计中，教师应该明确评价目标，即评价的是学生的何种能力和素质。同时，教师还

---

① 常洁. 浅析小学语文教学评价 [J]. 中国校外教育（中旬刊），2017（6）：64.

应该明确评价内容，即评价学生在何种方面的表现和成绩。通过明确评价目标和评价内容，教师可以更准确地把握评价的重点和方向，为教学评价提供明确的指导。

（2）教学评价设计需要选择合适的评价方法和评价工具。在教学评价中，评价方法和评价工具是评价的手段和载体，直接影响到评价的准确性和可靠性。因此，在教学评价设计中，教师应该根据评价目标和评价内容，选择适合的评价方法和评价工具，以确保评价的科学性和客观性。例如，对于学生的知识掌握情况，可以采用笔试、口试等方式进行评价；对于学生的实践能力和创新能力，可以采用实践性任务、项目作业等方式进行评价。

（3）教学评价设计还需要注重评价结果的反馈和运用。评价结果的反馈是评价的重要环节，它可以帮助学生了解自己的学习状况和成绩表现，激发他们的学习动力和学习兴趣。因此，在教学评价设计中，教师应该及时向学生反馈评价结果，并根据评价结果进行适当的指导和帮助，帮助学生克服学习困难，提高学习效果。

二、小学语文教育创新设计的其他要素

（一）提问设计

在小学语文教育的创新设计中，提问设计是一个至关重要的环节。通过巧妙设计问题，教师可以引导学生主动思考、深入探究，并促进他们的学习效果。首先，提问设计应注重问题的启发性和引导性。教师提出的问题应该能够引起学生的兴趣，激发他们的思考欲望。同时，问题还应该具有一定的引导性，能够引导学生从多个角度思考问题，促进他们的深入探究。例如，可以提出一些开放性的问题，让学生自由发挥想象力和创造力，进行深入的思考和探索。其次，提问设计应关注问题的多样性和差异性。在提问过程中，教师应该灵活运用各种类型的问题，包括开放性问题、封闭性问题、情境性

问题等，以满足不同学生的学习需求。同时，教师还应该根据学生的学习水平和学科特点，设计不同难度和深度的问题，以促进学生的个性化学习。最后，提问设计还应注重问题的情境化和实践性。教师可以结合教学内容和学生的实际生活，设计一些情境化的问题，让学生在真实的情境中进行思考和解决问题。同时，教师还可以设计一些实践性的问题，引导学生通过实际操作和实践活动，深入理解和掌握知识，提高学习效果。

（二）说课设计

在小学语文教育的创新设计中，说课设计是一个关键的要素。说课是教师在教学实践中展示自己的教学设计、教学思路和教学方法的过程，对教师的专业素养和教学水平有着重要的考验。

第一，说课设计应注重教学内容的把握和理解。在说课过程中，教师应该准确把握教学内容的重点和难点，清晰地表达自己的教学目标和教学意图。通过清晰的逻辑结构和严密的论证过程，向听课教师和观摩学生展示出教学内容的深刻理解和教学设计的合理性。

第二，说课设计应关注教学方法和手段的选择和运用。在说课过程中，教师应该介绍自己在教学中所采用的教学方法和教学手段，包括教学活动的设计和教学资源的利用等方面。通过生动形象的语言和丰富多样的教学实例，向听课教师和观摩学生展示出教学方法的灵活运用和教学手段的有效应用。

第三，说课设计还应注重教学过程的组织和管理。在说课过程中，教师应该结合实际情况，合理安排教学时间和教学空间，并通过细致周密的组织和管理，向听课教师和观摩学生展示出教学过程的严谨性和规范性。

（三）教案设计

小学语文教育创新设计中的教案设计是教学设计的重要组成部分。教案作为课堂教学的预案，承载了教师对教学内容的整体设计，是教学设计的最终成果之一。一份好的教案应该充分体现教师对教学理念的贯彻和对教学内

容的深入理解，是教师上好课的前提之一。

第一，教案设计要注重对教学目标的明确和确定。教学目标是教学设计的出发点和归宿，直接关系到教学活动的设置和教学效果的达成。因此，在教案设计中，教师应该明确教学目标，包括知识目标、能力目标和情感目标等，确保教学活动的针对性和有效性。

第二，教案设计要注重对教学内容的合理安排和组织。教学内容是教学设计的核心，直接关系到教学过程的展开和教学效果的实现。因此，在教案设计中，教师应该合理安排教学内容的顺序和结构，确保教学内容的系统性和连贯性。同时，教师还应该根据教学内容的特点和学生的实际情况，选择适当的教学方法和教学手段，以提高教学效果和学习质量。

第三，教案设计要注重对教学过程的细节安排和步骤设计。教学过程是教学设计的具体实施，直接关系到教学效果的实现和学生的学习体验。因此，在教案设计中，教师应该合理安排教学时间和教学空间，精心设计教学活动的步骤和顺序，确保教学过程的流程清晰和环节完整。同时，教师还应该考虑到教学过程中可能出现的各种情况，做好备课和备教材的工作，以提高应对突发情况的能力和应变能力。

（四）媒体手段运用设计

在小学语文教育创新设计中，媒体手段的运用设计是一个至关重要的要素。随着科技的不断进步和信息技术的广泛应用，各种教学媒体如电子白板、多媒体课件、网络资源等已经成为小学语文教学中不可或缺的辅助手段。因此，如何科学合理地运用这些媒体手段，已经成为小学语文教育创新设计中的重要考虑因素之一。

第一，媒体手段运用设计要注重媒体选择和运用方式的合理性。在选择教学媒体时，教师应该根据教学目标和教学内容的特点，选择适合的媒体形式，以达到最佳的教学效果。例如，对于抽象概念和复杂知识，可以选择电子白板等直观形式的媒体进行教学；对于生动有趣的故事和情景描述，可以选择多媒体课件等生动形象的媒体进行教学。同时，在运用媒体手段时，教师应该灵活运用各种教学功能，充分发挥媒体的优势，激发学生的学习兴趣，提高教学效果。

第二，媒体手段运用设计要注重媒体与教学内容的融合性。在运用媒体手段进行教学设计时，教师应该将媒体与教学内容有机结合，使媒体成为教学的有力支持和延伸。例如，可以通过电子白板展示古诗词的诗意图像，帮助学生感受诗歌的意境和韵味；可以通过多媒体课件播放名著的片段，帮助学生理解文学作品的内涵和结构。通过媒体与教学内容的融合，可以使教学内容更加生动形象，学习效果更加显著。

第三，媒体手段运用设计要注重媒体使用的规范性和安全性。在运用媒体手段进行教学设计时，教师应该严格遵守教学媒体的使用规范，确保教学媒体的内容准确、合法和安全。同时，教师还应该对学生进行媒体素养的培养，引导他们正确使用教学媒体，增强自我保护意识，提高网络安全意识，防止受到不良信息的影响。

第三章
小学语文的教育内容及其创新

第一节　小学语文教育中的识字写字

一、小学语文教育中识字写字教学的意义

识字与写字教学是小学语文教学的首要任务之一，是小学语文特别是中低段语文教学的重点与难点。识字与写字教学不仅是整个语文教学的基础，也是其他学科教学的基础。从学生发展的角度来看，识字是学习文化的开始。识字不仅是学习语文、培养语文素养的前提和保障，也是学习和掌握其他学科知识的必要手段。识字与写字使儿童从口头语言的学习过渡到书面语言的学习，使儿童实现自主阅读、自主写作。因此，识字与写字量的多少直接影响到儿童的阅读、写作水平，识字与写字的过程也是儿童思维发展、知识积累、能力提升的过程。

从发展的角度来看，国民的识字率与国家经济和文化的发展息息相关。而从文化传承的角度来看，汉字作为中华文化的代表，承载着中华文明的精髓。古老的汉字是中华民族智慧的结晶，是汉文化的主要表现形式，包含了丰富的民族物质文化、社会制度文化和思想文化等元素，许多汉字都可谓是民族、社会、制度和文化的活化石。因此，学习识字和书写是吸收民族文化智慧，传承民族文化的重要方式。汉字书写分为实用书写和书写艺术两个方面。中国书法作为古老的汉字书写艺术，是中华民族文化的精髓，也是人类文明的宝贵财富，在基础教育中占据着重要地位。

二、小学语文教育中识字写字教学的要求

语文课程标准为小学教师明确地提出了识字、写字教学的目标和内容，要保质保量地完成课程标准规定的任务，小学语文教师可从拼音教学、识字教学、写字教学三个方面努力。

（一）小学语文教育中拼音教学的要求

在汉语拼音课堂教学中，需充分理解汉语拼音的作用。汉语拼音主要用于帮助识字，即拼音只是识字的辅助工具，其学习目的在于促进识字过程。在拼音课堂教学中，应避免赋予拼音过多的额外功能。此外，需关注一年级学生的心理特点，降低拼音学习的难度，增加学习的趣味性。应注意拼音单元的生字和词汇，只要求学生掌握发音和认读，而不要求书写。拼音教学与识字教学的有效整合是提升拼音课堂教学效果的有效方法。在整合过程中，教师应引导学生在日常生活中积极运用拼音，尽早掌握更多的汉字。

第一，教学生读准声母、韵母、声调和整体认读音节，辨认 h、d、p、q 等形近的声母，区别 ei 与 ie、ui 与 iu、un 与 ün 等易混淆的韵母，读准 f 与 h、n 与 l、zh 与 z、ch 与 c、sh 与 s、en 与 eng、in 与 ing，读准二声调与三声调，认准 yuan、yun 等易被拼错的整体认读音节。

第二，要求学生正确拼读音节，不必直呼音节，掌握三拼音节的拼读方法与技巧，注意嘴形的变化，发音准确、到位，克服方言的干扰。

第三，教学生认识四线三格，在四线三格中正确书写声母、韵母和音节，注意 p、f、g、j、q 等在四线三格中的位置，明确 ui、iu 的标调规则，正确书写 j、q、x 与 ü 组成的音节。

（二）小学语文教育中识字教学的要求

第一，教学生借助汉语拼音认识汉字，认写分开，多认少写。在教学过程中，应重视学生通过汉语拼音认识汉字，将认读和书写分开，并遵循多认少写的原则。特别需要关注语文课程标准中基本字的教学，将其作为培养学生识字写字能力的基础。通过系统的基本字教学，有助于学生逐步建立起扎实的汉字基础，为他们未来的学习奠定坚实的基础。这种有序的教学方式能够有效提高学生的语文素养，使其能够更加熟练地运用汉字进行表达和交流。

第二，运用多种识字教学方法和形象直观的教学手段，创设丰富多彩的教学情境，提高识字教学效率，提高学生对字形记忆的准确性。识字方法要体现综合性。识字课堂教学中，教师要紧扣汉字的特点，依据汉字学知识，分别选择合适的教学方法和教学内容，这对学生识记字形和理解字义有切实的帮助。同时巧妙地对学生进行汉字文化的熏陶，让他们感受到汉字文化的博大精深。

第三，让学生了解一些汉字的知识，引导学生根据汉字的结构特点分析、辨识、掌握字形，通过形近字的比较，提高学生精细辨认和识记字形的能力。正确、科学地解读汉字，利用汉字的构字规律认识汉字，明确形声字的音形关系、会意字的形义关系，掌握同音字与多音字的音义区别，运用直观教具、遣词造句、联系生活实际、联系上下文等方法让学生理解字义。

第四，努力避免高段识字教学低段化。高段学生在经历了低中学段的学习后，已具备多种识字方法，拥有一定的识字能力。他们能够通过预习、分析生词字形，以及使用查字典等方法或者联系上下文的方式理解字义。因此，课堂上的任务转变为促进重难点生词学习的合作探究与交流。

第五，杜绝生字教学零起点。识字教学中教师要找准学生的起点，充分利用学生已有的知识和经验（学生已经认识的汉字和已经掌握的汉语拼音），将有限的教学时间和精力用在重点上，专教那些学生不会或相对薄弱的内容，这样方可从根本上杜绝"零起点"教学。

第六，要防止曲解汉字。防止曲解汉字其实就是要求教师在课堂识字教学中慎用字理识字教学法。任何一种教学方法都不是万能的。在字理识字教学中，凡是能说清楚字理，而且字理易于被小学生接受的，就要利用字理。可用就用，能用则用，刻意追求并非明智之举。过于牵强地运用字理识字教学方法，教师耗费时力，学生莫名其妙，更麻烦的是可能留下难以根治的后遗症。

（三）小学语文教育中写字教学的要求

第一，教学过程中，应教给学生正确的执笔和运笔方法，以帮助他们掌握正确的写字姿势，并养成良好的写字习惯。正确的笔法和姿势不仅有助于提高书写速度和准确性，还可以减少手部疲劳和不适感。通过系统的指导和练习，学生能够逐步形成正确的书写习惯，从而提高书写质量和效率，为未来的学习和工作打下坚实的基础。

第二，学生应该掌握汉字的基本笔画、笔顺规则、间架结构以及常见的偏旁部首。这些知识对于正确书写汉字至关重要，能够帮助学生建立起系统的汉字知识体系，并提高他们的书写准确性和速度。了解基本笔画和笔顺规则有助于学生掌握每个汉字的构成要素，从而更容易记忆和书写。同时，了解汉字的间架结构和常用偏旁部首，可以帮助学生辨别和记忆更多的汉字，并理解它们的含义和构造。通过系统的学习和练习，学生能够逐步提高汉字书写的水平，为日后的学习和应用奠定坚实的基础。

第三，教学生学会用田字格，以田字格中的横线和竖线为标准，观察汉字各笔画、各部分在田字格中的位置，按笔顺规则正确书写，注意间架结构，感受汉字的形体美。用毛笔临摹、书写楷书。

第四，在每天的语文课中安排 10 分钟练字，教师随堂指导，予以示范、纠正，讲究练字效果。注重书写质量，增强学生日常书写中的练字意识，将作文书写及其他学科的作业书写过程当作练字的过程。

小学语文写字教学还需要做到：一是要保证学生有充足的写字时间。每

节语文课都要拿出几分钟，让学生踏踏实实地写字。二是要保证写字的数量。完成一定的写字数量是写好字的保障。小学二年级开始每课要求写的字达到了 8 个甚至 12 个。教师指导学生写字，应该将几个字放到一起指导，让学生同时练习写，提高课堂识字与写字的效率。三是要抓住写的契机。一般情况下课堂教学写字环节都安排在认完字和读完课文之后，这样有一定好处，教学板块清晰，不会出现低学段学生因为拿笔削笔和放笔等动作而导致课堂混乱的情况，另外如果写字环节的时间不够，教师可以灵活地将该环节挪移到下节课或者课外去。不过也可以尝试根据生字出现的不同情况，指导学生分散写字，这样学生在整节课都对写字有新鲜感。认读写活动交替进行，可以避免某项活动时间过长导致学生失去兴趣，同时也可以巧妙地分散写字教学的难点。

此外，还需要注意对识字与写字教学的评价要求，主要包括：① 评价应以鼓励为主，要有利于激发学生识字、写字的兴趣；② 汉语拼音学习的评价，着重考查学生拼读、认读音节的能力，发音的准确度，普通话的流利与标准程度；③ 识字的评价，着重考查学生独立识字、借助工具书查验字词的能力，认清字形、读准字音、辨别字义、准确运用的能力；④ 写字的评价，着重考查学生对生字的掌握情况，关注学生写字的姿势与习惯，重视书写的质量，要求写好基本笔画、遵守笔顺规则、安排好间架结构，力求正确、端正、整洁、美观。关注学生用毛笔临摹、书写楷书的情况，体会汉字的优美。

三、小学语文教育中识字写字教学的方法

（一）小学语文教育中拼音教学的方法

1. 示范—模仿法

示范—模仿法在教学中具有重要作用。示范是教师的一项重要任务，而

模仿则是儿童的天性，特别是在小学低段，这种方法尤为有效。在拼音发音教学中，教师应进行字母的发音示范，并讲解发音的要领，引导学生仔细观察口形、舌位，体会发音方法，并进行模仿。在拼音书写教学中，教师应进行书写示范，边书写边讲解，让学生仔细观察，弄清楚字母在四线格中的位置以及正确的笔画和笔顺。通过示范，学生可以直观地了解到正确的发音和书写方法，从而更好地掌握知识。同时，模仿可以帮助学生积累经验，提高技能，使他们在学习过程中更加自信和熟练。因此，教师应充分发挥示范和模仿的作用，使教学更加生动有效。

2. 比较—辨识法

汉语拼音中形状相似、发音相似的声母或韵母较多，学生容易混淆，因此，教师可将易混淆的拼音进行比较区分，以帮助学生辨识。运用比较-辨识法进行教学，便于揭示字母间的联系与区别，加深学生印象，让他们能准确地辨认与书写。例如，把 b、d、p、q 放在一起，观察半圆与竖的位置关系；把 f、t 放在一起，观察弯钩的位置；把 ei 与 ie、ui 与 iu 放在一起，观察字母组合的顺序；把 n 与 l 进行比较，体会边音和鼻音的发音区别；把 z、c、s 和 zh、ch、sh 进行比较，体会平舌音和翘舌音的发音区别；把 in 与 ing、en 与 eng 进行比较，体会前鼻音与后鼻音的发音区别；将 eng 与 ong 比较，观察嘴形，体会发音要领等。

3. 口诀—吟诵法

口诀—吟诵法是一种有效的拼音教学方法。通过将汉语拼音编成口诀或者儿歌，让学生吟诵，能够帮助他们准确地读出字母的音，并记住字母的形状，从而突破拼音教学中的难点，这种方式不仅可以提高学生的学习效率，还能够活跃课堂气氛，缓解学生的疲劳，调节学生的情绪，调动学生学习汉语拼音的兴趣。口诀或者儿歌形式生动有趣，易于记忆，能够激发学生的学习兴趣，增强他们的学习动力。同时，通过反复吟诵，学生可以逐渐掌握拼音规则和发音技巧，提高拼音能力。教师可以结合课堂实际情况，设计丰富多彩的口诀或者儿歌，让学生在轻松愉快的氛围中学习拼音，更好地掌握知识。因此，口诀—吟诵法是一种富有创意和趣味性的教学方法，对提高学生的拼音水平和培养学习兴趣具有积极的促进作用。

4. 游戏—比赛法

儿童喜欢玩耍，喜欢做游戏，且好胜心强。如果把单调的拼音教学融入有趣的游戏、比赛之中，既能满足小学低年级儿童的心理需求，激发他们学习汉语拼音的兴趣，又能创设一种轻松愉快、生动活泼的课堂学习氛围，使课堂"动"起来、"活"起来，提高教学效果。游戏—比赛法多在复习巩固环节使用。例如，学习了声母、韵母、整体认读音节后可以采用摘苹果、夺红旗、拼音接龙等比赛；学习了音节拼读后可以采用对对碰、找朋友的游戏。

（二）小学语文教育中识字教学的方法

汉字是表意体系文字，是音、形、义三者的统一体。在识字教学时，必须从字音、字形、字义三个方面进行。

1. 字音教学的方法

字音教学是识字教学的第一步，字音的学习必须借助于汉语拼音。在字音教学时，教师应当指导学生利用汉语拼音认读汉字，对于易读错的生字应当着重指导，反复正音。同时，也应当鼓励学生自主认读汉字，利用新华字典、现代汉语字典等工具书获取生字的拼音，认读生字。

汉字中同音字、多音字、形声字较多，教师应当把握汉字的特点，采用恰当的方式进行教学。对于同音字，字音相同，字形、字义不同，教学的难点在于让学生分清楚字形与字义，掌握不同用法，加强比较、辨析，以避免错别字的产生。对于多音字，字形相同，字音、字义不同，教学的难点便在于让学生分清楚多音字的字义与用法，并将其放入不同的语言环境予以辨析，以读准字音。对于形声字，可以借助声旁进行字音教学，形声字的声旁表音，形旁表义，声旁相同的字，读音相同或相近。但是，在汉字的演变过程中，有些形声字的声旁已经失去了字音辨认的功能，现在不能根据声旁来确定其读音了，例如，江、河、悖、钗、笞等。对于这类形声字，教师应当特别提醒学生不能只看声旁读字音，以免读错字音，闹出笑话。

2. 字形教学的方法

字形教学是识字教学的关键，也是学生识字的难点。汉字中有的笔画相同，长短位置不同。例如，田、由、甲、申，太、犬，天、夫，土、士，未、末。有的字形相似，笔画不同。例如，旦、旧，申、电，外、处。有的多一笔，有的少一笔。例如，大、天，今、令，斤、斥，免、兔，哀、衰、衷。有的结构相同，部件位置不同。例如，杏、吞、吴，陪、部。有的字声旁相同，形旁不同。例如，渴、喝、歇，领、岭、铃、玲。因此，为了使学生更好地认清字形，加强记忆，提高识字认字能力，教师应针对汉字字形的不同特点，采用不同的字形教学方法。字形教学主要有以下方法：

（1）笔画部件分析法。笔画部件分析法是字形教学的最基本的、最重要的方法。笔画是构成汉字的点和线，是汉字最小的构成单位。部件是由笔画组成的具有组配汉字功能的构字单位。汉字往往可以分成两个或两个以上的单位。在教学独体字时，可以采用笔画分析法，分析一个字或某部分由哪些笔画组成，各笔画的名称及笔画的书写顺序。在教学合体字时，可以采用部件分析法，分析一个字由哪些部件组成，各部件的名称及位置。例如，"加"左边是"力"，右边是"口"；"树"左边是"木"，右边是"对"；"盆"上面是"分"，下面是"皿"；"意"上面是"音"，下面是"心"；"赢"由"亡、口、月、贝、凡"组成。

（2）构字规律分析法。象形、指事、会意、形声是四种基本的构字方法。教师要引导学生根据汉字构字规律来分析字形，科学地解读汉字，挖掘汉字的深层文化，提升学生的识字能力与识字兴趣。

象形字多出现在小学一年级上册，例如，口、耳、目、日、月、火、羊、鸟、兔、木、禾、竹、石、刀、鱼、网等。教学象形字时，教师引导学生观察实物或图画，让学生看一看，猜一猜，找出象形字与图形的相同点，将字形与图形联系起来，以便记住字形。

在小学低年级的识字阶段，指事字经常出现。在教学指事字时，教师可以引导学生了解指事字所指的意义。例如，当教学"本"字时，教师可以让学生理解，在"木"的下部加一画作为指示符号，指示树根的位置，因此"本"的本义是树根。同样地，当教学"末"字时，教师可以让学生明白，在"木"的上部加一画作为指示符号，指示树梢的部位，因此"末"的本义是树梢。

会意字是比较有趣的汉字，一般由两个或两个以上的独体字组合而成，其意思就是各部件意思的组合。例如，以"手"遮"目"谓之"看""人"倚"木"而立谓之"休""日""月"同辉谓之"明"，上"小"下"大"谓之"尖"，"衣""谷"不缺谓之"裕"等。

形声字占现代汉字的绝大部分，因此，形声字的教学是识字教学的重点。形声字一般由"形旁"与"声旁"两部分构成，形旁表示汉字的意义，声旁表示汉字的读音。同一个形旁与不同的声旁组合，可以构成许多意义相关的字。如用"灬"做形旁，可以组成"烈、热、熊、煮、蒸、烹、熟"等与火有关的形声字。此类汉字，可以通过声旁读准他们的字音，以区别他们的字形。同一个声旁与不同的形旁组合，可以构成许多声音相同或相近而意义不同的字。如用"宣"做声旁，可以组成"喧、渲、暄、萱"等读 xuān 的形声字。此类形声字，可以利用汉字的形旁区别他们的意义，以区别汉字的字形，避免写成别字。形声字的形旁和声旁结合的方式多种多样。在进行形声字的教学时，教师应当引导学生找出形声字的形旁与声旁，分析形旁所表示的意义，声旁所表示的读音。还应引导学生利用形旁和声旁区别形声字中的形近字、同音字。

（3）歌诀字谜识字法。在汉字教学中，教师无法对每个汉字都进行字理分析。因此，可以设计一些儿歌、口诀、顺口溜、字谜等，让学生通过读、背、想、猜的方式来识记字形。这样做不仅有趣味，还能加深印象，巩固记忆。此外，还可以鼓励学生自己进行创编，这不仅能激发他们的自主识字和创造性识字能力，还能锻炼他们的思维能力、语言组织能力、想象力和创造力。

（4）字形比较识字法。汉字中形近字的字形非常相似，难以辨认和识记，容易混淆。例如，今与令，兔与免，鸟与乌，仓与仑，买与卖，卯与卵，壁与璧等。因此，形近字教学是字形教学中的一个难点，教师应注重形近字的归纳、比较与辨析，再辅以字形教学的其他方法进行教学，突破难点。

（5）游戏比赛识字法。低年级学生爱玩、好动，有意注意的持续时间比较短。因此，创设生动、有趣的识字学习环境，寓教于乐，让学生在轻松愉快的游戏中学习，在"玩"中识字，既尊重了儿童的天性与身心发展特点，又能让他们在游戏比赛中获得积极的情感体验，激发其主动识字的兴趣。

（6）结合生活识字法。生活就是一个大课堂，处处是生字，让生活中的汉字走进课堂，让识字教学走进生活实践，这不仅可以强化识字教学的效果，而且可以让识字更贴近学生生活，激发学生学习生字的欲望。教师要充分利用生活这块识字沃土进行教学，引导学生做一个生活上的有心人，让学生通过看书、读报、看电视识字，从各种商品中识字，从各种路牌、门牌、广告牌中识字。教师还可以让学生带来各种生活中见到的字，在班上交流学习，分享识字的成功与快乐，提升识字的兴趣，提高自我识字的能力。教师应尽可能获得家长的帮助与支持，邀请家长也参与到学生的识字教学中来。

3．字义教学的方法

字义教学的方法很多，教师应当根据字词的不同情况，采取不同的方法。

（1）字理分析法。汉字是表意文字，教学字义时，我们可以利用象形字的直观性、指事字的指示性、会意字的形义联系、形声字形旁的表意性等字形特点来帮助学生理解字义。只要教师讲清了汉字的构字的方法，说清了汉字的字理，学生便不难明白汉字的字义。

（2）直观演示法。小学低年级学生主要以形象思维为主。因此，在小学低段的识字教学中，教师可以采用观察实物、图画、表情、动作、实验、表演

等方法，将抽象的文字符号所代表的意义以直观、形象、生动的方式呈现，以帮助学生更好地理解与记忆。

（3）比较分析法。汉语中存在着大量的近义词和反义词，在教学时，教师可以引导学生用熟悉字词来理解意思相同、相近或相反的生字词。例如，"美丽"可换成"好看""美"就是"丽""美"和"丽"都是"好看"的意思；"寻觅"可换成"寻找""寻"就是"觅""寻"和"觅"都是"找"的意思；"担忧"可换成"发愁""忧"就是"愁"的意思。又如，"退"的反义词"进""贫"的反义词"富""朝"的反义词"夕""拾"的反义词"扔"。

（4）组词造句法。汉字中的大多数字具有多个意思，在不同的词语组合和语境中，它们的含义也会有所不同。学习一字多义是小学低年级识字的一个难点。在教学中，教师可以引导学生通过给生字组词、造句的方式，在具体的语境中理解字的含义，掌握字的用法。例如，"深"这个字可以组成"深山、深渊"，表示距离远，与"浅"相对；也可以组成"深夜、深秋"，表示时间长；还可以组成"深色、深红"，表示颜色浓；此外，还可以组成"深情、深交"，表示感情深厚，关系亲密。通过这些例子，学生可以依次造句，比如"这条河很深，水很深；夜已经很深了，他还在工作；她穿的衣服颜色很深；他们之间的关系非常深。"

（5）联系实际法。汉语中有些字词的意义比较抽象，不方便直观地演示、表达出来，但是这些字词在生活中常常出现，学生也曾经见过、经历过。在教学这些字词时，就可以通过联系学生的生活实际，用具体的例子来唤起他们的亲身感受，帮助他们理解字词的意思。

（6）结合语境法。结合语境、联系上下文理解字词的方法是一种最基本的、常见的、重要的字义教学方法，有助于帮助学生理解那些抽象的字词，避免学生机械性背诵字词的含义。例如，在教学"丑小鸭"中的"欺负"时，为了让学生理解该字词的意思，可以结合下文"哥哥、姐姐咬他，公鸡啄他""小鸟讥笑他，猎狗追赶他"来理解。

（三）小学语文教育中写字教学的方法

写字教学方法多样，形式灵活，教学有法，但无定法。在实际教学中，教师可根据情况选择一种或多种不同方法，综合运用，灵活处理。

1. 示范法

小学语文教育中，写字教学的示范法是一种重要的教学方法。在讲解写字要领的同时，教师应该加强示范。特别是在学生初学写字阶段，教师必须对每个生字进行示范指导。示范时，教师应该动作缓慢，边示范边讲解，帮助学生观察字的形态、书写的过程，进而理解运笔造型的原理。

示范教学的过程中，教师应该注重三个方面：① 示范的动作要缓慢，让学生能够清晰地观察每一个笔画的书写过程；② 教师可以边示范边讲解，向学生解释每一个笔画的运笔方式和书写规则，帮助他们理解字形的结构；③ 教师还可以引导学生眼看、耳听、心想，加深他们对字形和书写过程的体验和理解。

通过示范法，学生可以直观地观察到正确的写字姿势和笔画顺序，从而更好地掌握书写技巧。同时，示范也能够激发学生的学习兴趣，使他们更加专注地参与到写字教学中来。因此，在小学语文教育中，写字教学的示范法具有重要的意义，可以有效提高学生的书写水平和学习效果。

2. 讲解法

讲解法是最基本的写字教学方法，教师用语言来讲解写字知识、书写要领的方法。教师要充分利用板书、幻灯片、投影、生字卡等，讲清每个字的笔画、笔顺、间架结构以及各部分的比例关系，对难写或易错的笔画、部件更要加强指导，以引起学生注意。只有笔笔交代清楚，字字讲清结构，学生才能掌握正确的写法。教师讲解时应突出重点，解除疑难，语言要准确精练，通俗明白，有吸引力，富有启发性。

3. 书空法

书空法有一定的局限性，书空不能替代写字，会书空，不等于会写字，汉字的间架结构和笔画的书写规则等还是需要依靠写字练习才行。因此，教师应当将书空法与其他写字教学方法一同使用。

4. 观察法

汉字的书写有一定的规律。教师应当要求学生"眼看"与"手写"相结合，在具体的教学实践中，教师在引导学生观察时，应当让学生学会观察田字格中的范字、学会对比观察、学会教师的范字、学会观察同学的书写。

（1）学会观察田字格中的范字。田字格中的字是学生学习和模仿的范本，教师要引导学生认真观察这些字的笔画、结构，以及各部分在田字格中的位置，并努力记住它，尽力模仿。例如，在写"吃、唱、喝、和、如、扣"等字时，就要让学生观察、比较"口"字的不同摆放位置，进而发现以下规律："口"字在左边，要写得偏左偏高一点；"口"字在右边，要写得偏右偏低一点。

（2）学会对比观察，能自己区分形近字的细微差别。汉字中形近字较多，学生也最容易混淆，容易写错。为减少这种错误，教师应当从小培养学生的观察力，并教授给学生辨别形近字的方法。例如，在写兔、免；戊、戌、戍；戎、戒；卯、卵等字时，可将形近字罗列出来，让学生对比观察，找出其中的细微差别，教师也可自编口诀，便于学生更轻松地记忆。

（3）仔细观察教师的范写。在进行写字教学时，教师应当一边讲解一边示范。教师的范写是最直接的指导，要引导学生看清每一笔的运笔方法，并让学生试着这样写。在小学低年级阶段，教师的范写尤为重要，这既是指导书写的过程，也是巩固识字成果的过程。

（4）仔细观察同学的书写，学会评价。在评价的过程中，学生会仔细观察，将汉字的正确写法与同学的书写进行对比、辨别，发现同学书写的优缺点，从而做出恰当的评价。只有观察仔细了，观察到位了，评价才能恰如其分。在整个写字教学的过程中，教师都应当引导学生进行自我评价或相互评价。评价的过程，也是自我提高的过程。

5. 临写法

临写是指学生在教师讲解示范的基础上，自行对照字帖进行临摹练写的过程，它是写字教学的核心环节，也是学生书写优美字体的重要步骤。在进行临写之前，教师应先对范字进行详细的讲解和示范，并引导学生仔细观察范字的结构和笔画，注意观察范字在田字格中的位置，以及与四周格线的相对距离。同时，学生还需要观察范字的形状和大小，包括方与扁、斜与正、长与宽、大与小等方面的特征。临写法需要重点引导学生观察范字的每一个笔画、每一笔画在田字格中的位置以及笔画之间的相互关系。汉字每一个笔画的长短、弯度、弧度、角度都很有讲究。在书写时，教师应要求学生不能看一笔写一笔，要一气呵成。写好之后，让学生将自己写的字与范字进行认真细致地比较，找出差距。然后根据存在的缺点，认真修改，反复书写，直到满意为止。

6. 描红法

描红是在印好的红色范字上进行描摹的练字方法。在描红前，教师要先讲解范字的书写要领，最好一边范写一边讲解，引导学生观察范字在田字格中的位置、大小、笔画、间架结构。也可让学生用手指作"书空"练习，熟悉范字的笔画、笔顺，掌握运笔的轻重、快慢、起止，做到心中有数。对于初学写字的学生而言，描红可以帮助他们掌握汉字的书写要领，了解汉字的部首比例，笔画的长短粗细、穿插避让，字形的大小、位置等。但是，描红法不宜常用，一般在小学低段使用，应逐渐过渡为临写。

7. 熏陶法

熏陶法是在写字教学过程中，教师运用多种教学手段，对学生进行熏陶感染，逐步培养学生审美趣味，引起审美心理的逐步变化，调动学生对写字、

书法的兴趣。教师可给学生讲古今中外书法家的故事，如"程邈隶书""萧何深思题匾""张芝临池学书""王羲之书竹扇""王羲之教子习书法""王羲之吃墨""柳公权发奋练字"等。教师也可将名家的优秀书法作品制作成PPT，再配以古典音乐，学生一边聆听着《高山流水》《春江花月夜》等古典名曲，一边欣赏着名家书法。也可以在教室内张贴文学艺术书法作品等，将教室布置得具有浓厚的书法氛围。通过营造种种书法氛围，学生在潜移默化中受到美的熏陶，写字的兴趣油然而生，争当书法家的良好夙愿有可能在他们幼小的心底悄然生根。

8. 多媒体辅助法

教师可以运用多媒体解析基本笔画，教师可以运用多媒体呈现汉字的间架结构。不同结构的汉字，其书写的规律不同。教学中，教师可以利用视频指导学生观察、分析字的构成，掌握字的间架结构。写字教学中笔法的讲解是一大重点和难点。教师可运用多媒体展示写字的动作和字迹变化过程，特别是点画的轻重，起笔、行笔与收笔的动作，笔杆、笔尖在书写中的运动变化，指、腕、肘配合的动势节奏，转折、停顿与提按的和谐统一等。多媒体的 Flash 动画能使汉字笔法的学习更直观、生动，更能引起学生的注意，增加学生的学习兴趣。但是，多媒体只是辅助教师的教学，教师不可完全依赖多媒体，而忽视了板书和范写。小学生具有较强的向师性和模仿性，教师的示范异常重要。因此，在写字教学中，教师应当适时板书，引领学生一起书写，为学生树立良好的榜样。

四、小学语文教育中识字写字教学的策略

（一）把握"会认"和"会写"要求

小学语文教育中的识字和写字教学是培养学生语文能力的重要环节，而

把握"会认"和"会写"要求则是实施教学策略的关键。在教学中，学生通常被要求既要掌握字的认读能力，又要具备书写能力，这种双重要求不仅体现了语文学科的特性，也考验着教师的教学技巧。

第一，对于"会认"要求，教师应注重学生的字识记和词汇积累。在教学中，教师可以采用多种方法来帮助学生掌握字词的认读，如利用语境、图画、动画等丰富的教学资源，激发学生的兴趣，提高他们的识字能力。同时，教师还可以设计各种识字游戏、活动，使学生在轻松愉快的氛围中学习，更好地掌握字词的含义和用法。

第二，对于"会写"要求，教师应注重学生的字形书写和字义理解。在写字教学中，教师应该引导学生掌握正确的书写姿势和笔顺规律，注重字形的规范和美观。此外，教师还应该通过教学案例、生活实例等方式，帮助学生理解字义，增强他们的语文表达能力。通过这些方法，学生可以逐步提高字的书写水平，同时加深对字义的理解，实现"会写"的要求。

第三，在实施教学策略时，教师需要根据学生的实际情况和学习特点进行差异化教学。一方面，对于学习能力较强的学生，教师可以提供更多的挑战性活动，激发他们的学习兴趣，拓展他们的识字写字能力；另一方面，对于学习能力较弱的学生，教师则应采取更加灵活的教学方法，耐心指导，帮助他们逐步提升识字写字水平。此外，识字写字教学还应与阅读教学相结合，形成有机的整体。通过阅读，学生不仅能够巩固识字写字的能力，还能够提高语言表达能力和阅读理解能力，促进语文素养的全面发展。

（二）遵循儿童心理特征与遗忘规律

小学中低段儿童有其特有的心理特征，主要表现在思维、记忆、注意等方面。在思维方面以具体形象思维为主，抽象逻辑思维不够发达；在记忆方面，无意识记、机械识记、具体形象识记仍起着重要的作用，而有意识记、理解识记、抽象逻辑识记正迅速发展；在注意方面，无意注意占主要优势，有意注意正开始发展，易受到新鲜事物的刺激与影响，注意时间不够持久。

另外，儿童还具有较强的好奇心，喜欢玩游戏，擅长模仿。因此，教师在进行识字教学时，应尽可能采用直观形象的教学手段、变换教学方法，尽可能给学生展示实物、模型、图片，或者播放动漫、视频，或者做游戏、现场表演等，以适应儿童的思维、吸引儿童的注意、强化儿童的记忆。

（三）引导学生在生活中多识字练习

识字教学不应仅仅停留在课本上、课堂上，应充分利用课本以外、课堂以外的其他资源，还应鼓励学生家长参与到识字教学中来，以帮助学生巩固识字效果、扩大识字量。教师和家长可以引导学生通过认记老师、同学的名字，教室、办公室、实验室的门牌，教室里的标语、黑板报，校园的标语、横幅；可以通过看电视、阅读儿童读物。只有让识字源于生活，又回归生活，才能让汉字真正地活起来，才能让学生深切感受到识字的实际意义，体会到汉字的重要作用，享受到识字的成功与快乐。

（四）正确且科学地对汉字进行解读

汉字是表意体系文字，是音、形、义三者的统一体。汉字一字一形，数量大，且同音字、多音字、多义字、形近字较多，难以辨析。教师在进行识字教学时，能够根据汉字的构字方法进行教学，科学地解读汉字，提升学生的识字能力。在识字教学中，教师若能正确地分析汉字的形体构造，科学地解读汉字，这不仅能让学生把握汉字形体、结构、部件和笔画的特点，轻松习得汉字，也能让学生体会到古人造字的巧妙，感受到中华民族的伟大智慧，引发热爱祖国语言文字的感情，激发主动识字的兴趣和强烈愿望。

（五）运用多种方法认知与巩固生字

在进行识字教学时，教师应采用多样的方法帮助学生认识生字并加深记忆。除了要求学生准确读出字音外，还应着重让他们牢记字形、理解字义，促使他们建立起音、形、义之间的联系。针对学生的心理特征和不同年级的识字要求，教师应选择合适的、多元化的识字方法。

为了巩固识字效果，教师可以采用多种策略。例如，在课堂上让学生借助拼音来认读生字，然后逐步减少拼音辅助，或者打乱顺序让学生重新认读，将生字重新融入课文中进行再次认读，或者让学生在不同的场景、不同的语境中认读生字，甚至通过游戏或扩展阅读等方式进行认读。通过这种多样化的识字训练，同一个生字在不同情境下出现，多次反复出现，有助于加深学生对生字的印象，从而巩固识字效果。

第二节　小学语文教育中的阅读教学

在小学语文教育中，阅读是一个至关重要的模块，它为学生打开了一扇观察世界的大门。在阅读优秀作品的过程中，学生观察到这个世界的精彩，他们的情操得到了陶冶，自身的价值观念也变得更为科学。学生们在和他人进行交流的过程中没有更多的阻碍。阅读的过程中，能够更好地对学过的知识进行应用，学生是否具备扎实的文学基础，能够通过阅读更好地体现出来。阅读能够对个体的综合能力进行最佳的评价，它也是小学语文教育教学过程中尤为关键的一个模块。小学生具有较强的可塑性，他们对于世界的好奇心较强，求知的欲望也十分强烈。然而，正是由于他们具有这份好奇心理，假如他们在阅读的过程中缺乏有效的引导，直接的结果就是造成了读书是一种无效的行为。身为语文教师，应该把更多的精力放在阅读教学上，对于语文阅读进行合理的安排，对学生进行科学的引导，通过这样的方式，才能确保学生的语文阅读素养能够不断增强。

在进行阅读教学时，教师和学生的角色存在显著的差异。语文教师在阅读教学中扮演着重要的引导者角色，需要引导学生展开阅读并增强其有效性。教师必须从提升学生阅读能力的角度出发，指导他们进行阅读活动。在语文课堂中，学生是主体角色，他们需要对阅读材料进行深入分析，并展开文本交流，拓展阅读实践的范围。他们会结合自己的理论认知对文字进行理解，充分展示自己的主体性。只有通过更多的教育实践，才能有效检验教学模式是否行之有效。随着阅读经验的积累，学生对阅读产生了浓厚的兴趣，阅读习惯逐渐形成，阅读能力也得到了增强。

综上所述，阅读教学不光是为了让学生能够理解，还需要引导学生在读懂的同时把握内在的方式，具备理解的能力。阅读教学这门课程本身就具有较强的实践性，它在读的过程中感悟，在读的过程中理解，在读的过程中自我的情感得到陶冶。

一、小学语文教育中阅读教学的特征

（一）主体的自主性特征

学习过程中，扮演主体角色的是小学生，阅读的主体也是小学生。在开展阅读活动的同时，学生要不断发挥自我能动性，通过自我的理解与思维方式深入研读阅读素材。在阅读教学过程中，"思考"是一个十分关键的环节。要注意阅读的深刻性，不能对其进行泛化理解，要深入其中去理解，从阅读的素材中将其内在的含义挖掘出来，感悟人生的真谛。从中我们能够看出学生在阅读中的主体角色，这在很大程度上保证了阅读的最终效果。

（二）实践的延伸性特征

阅读被视为一种实践，对于小学生而言，在文本中能够把握特定的思维理念，产生新的想法。这对于学生而言是知识和理论的延伸。然而，文本的解读不仅促进了文本与读者之间的交流，还可以被视为文本本身与读者经验相互作用的过程，是一个不断探索的过程。然而，在某些情况下，由于学生的认知能力有限，可能会导致无法正确理解作者的观点，产生误解。在进行阅读教学时，语文教师应该从学生的智力、心理特点和认知角度出发，探索更适合学生的教育形式。

（三）过程的调控性特征

阅读可以被看作是心理变化的过程，通过书面符号，读者能够把握其内在的意义。通过不断反思、深入认知，把这些符号进行一定的转化，将其变为能够自我认知的内容。就小学语文阅读教学的维度来讲，它不可能一蹴而就，需要时间的大量积累。语文教师在对文本进行深入理解之后，能够设计出与文本相符的，由表层到深层的阶段性教学形式。教师首先需要深刻理解文本，利用相应的教学手段，确保引导学生形成对文本的科学认知，更好地促进文本内容不断转换。

（四）效果的差异性特征

作为受教育者，每个学生都有着独特的特点，如认知水平、语言能力、理论积累和组织能力等，这些特点各不相同。在进行阅读教学时，面对不同的阅读材料，学生产生的阅读效果也是多种多样的，在小学语文教学中，这种现象并不少见。学生在阅读文本时，会根据自身主观条件进行深入思考。此外，即使面对相同的阅读材料，学生的观点也会有所不同，这是不可避免的现象。因此，小学语文教师在教学过程中需要对学生进行必要的引导，帮助他们真正理解造成差异的根源。

二、小学语文教育中阅读教学的地位

在小学语文教育中，阅读教学具有至关重要的地位。阅读是语文学科中的核心内容，也是学生获取知识、培养思维能力、提高语言表达能力的基础。因此，充分认识和重视阅读教学在小学语文教育中的地位具有重要的意义。

第一，阅读是语文学科的基础。语文教育的核心目标之一是培养学生的语言能力，而阅读作为语言的输入方式，是学生接触语言、理解语言、掌握语言规律的主要途径之一。通过阅读，学生能够接触到各种文本形式，包括

故事、诗歌、科普读物等，从中获取知识、丰富情感体验、培养审美情趣，为其语言能力的全面发展提供了必要的素材和环境。

第二，阅读是学生学习的主要手段之一。在小学阶段，学生的主要学习方式是以接受性学习为主，而阅读则是最为直接、有效的学习方式之一。通过阅读，学生可以获取各种各样的信息和知识，拓宽自己的视野，培养独立思考的能力。同时，通过阅读不同类型的文本，学生可以了解到各种文化、思想、观念，促进其全面发展和成长。

第三，阅读是培养学生综合素养的重要途径。随着社会的发展和进步，人们要求不仅是掌握一定的知识和技能，更加注重学生的综合素养，包括阅读能力、批判性思维、创造性思维等。而阅读教学正是培养学生这些素养的重要途径之一。通过阅读，学生可以提高自己的思维能力、判断能力、表达能力，培养良好的价值观和人文素养，为未来的发展奠定坚实的基础。

第四，阅读教学还具有跨学科性的特点。阅读不仅仅是语文学科的内容，还涉及其他学科的知识。例如，在阅读一篇有关科学知识的文章时，学生不仅需要理解文本的语言，还需要理解其中所涉及的科学概念和原理；在阅读一篇历史故事时，学生需要了解历史背景和文化内涵。因此，阅读教学既是语文学科的重要内容，也是其他学科教育的重要支撑。

三、小学语文教育中阅读教学的作用

在小学语文教育中，阅读教学是一个至关重要的组成部分，其地位不言而喻。在进行阅读教学时，教师需要深入把握课文中的重点词汇和难点词语，了解文章的写作技巧，把握文章的思想核心，这是教学的关键所在。阅读教学不仅仅是为了学习语言知识，更是为了培养学生的人文素养和综合能力。换句话说，在进行人文教育时，我们不能把文本孤立起来，进行抽象的理解。而是应该遵循教师的引导，通过阅读理解的过程，深入理解材料内在的丰富内涵，把握其中的核心思想。通过体验和感悟，影响学生的综合能力、语文素养和价值选择。

（一）拓展学生的识字量

阅读的对象是文字组成的文本，通过阅读能够识字，阅读在学生学习过程中扮演着重要的媒介作用。文字能够将语言记录下来，文字是一种特殊的符号形式；通过语言来体现文字的价值，如果没有语言这一载体形式，文字的价值甚至可以忽略不计。要想体现文字的价值，需要和语言相互结合起来，因此，文字和语言紧密相关，无法分离。理解语言也需要建立在认识文字的基础之上。开展阅读教学时，阅读材料当中包含着众多的书面文字内容。利用阅读，学生能够更好地识字，也可以结合自我认识，深入挖掘文字背后所蕴含的丰富知识。如此一来，阅读教学为识字提供了优越的环境背景。在这一语言背景之中，学生能够认识更多的文字。此外，需要强调的是，识字是阅读的一个重要基础。识字和阅读之间的关系尤为紧密，要对二者的关系进行深刻理解，真正认识到识字在阅读教学中的价值所在，科学把握两者的关系，让语文教学的开展变得更为顺利。

（二）提高学生理解与写作能力

学生要提高对书面语言的认知水平，必须通过阅读教学来实现。语文教学包含了四个关键要素，即"听、说、读、写"，而书面语言作为其中的重要组成部分，通过多种形式呈现。书面语言的形式多样，包括字、词、句、段、篇等。为了更好地理解和掌握书面语言，学生需要进行多种形式的练习，如默写、朗诵等，并将不同的练习方式相互结合起来。阅读教学不单单是针对文章而言的，在对文章进行阅读时，先要正确理解"字、词、句、段、篇"，然后才能对文章形成科学的把握，了解其精髓所在。如此一来，阅读教学就不单单是针对文章而言的，在阅读的过程中，学生的听说读写能力得到了潜移默化的训练。阅读对于学生能力的训练不是针对特定方面的，它是一种综合素养的培育。除了能够获取信息，把握知识之外，学生多种素质得到锻炼。

这也能够充分说明：阅读文章是阅读教学的核心，把段落、篇章、字词等融会起来，开展听说读写等综合性的语文训练。这也有效提升了学生多方面的素养，这一点不容忽视。

（三）帮助学生形成正确价值观

文字不单单被看作是特殊的符号，从人类社会发展的角度来看，文字也可以被看作一种文化形态，它是传承文化的关键要素，并非独立于人类之外的存在。人与文字之间紧密相关，它能够将人类发展过程中的各种思想淋漓尽致地体现出来。语文学科具有较强的人文性，其中包含各种各样的文化内容、思维哲理、价值观念等，它不仅能够在思想上启迪人们，也能够确保个体文化品位的不断提升，审美修养的逐渐形成，确保阅读者具有更为正确的人生观和世界观。从语文教师的视角看，语文教学不仅是传递理论知识，更应该注重挖掘语文课程的特点。在教学过程中，教师应该深入分析课文的词汇、段落和语篇，以充分把握教材的人文内涵。这样可以帮助学生科学理解、正确认知并深入思考所学的文本资料，提升他们的道德情感，培养出正确的三观，并发展他们的个性特点。

（四）促进教师专业技能的发展

阅读教学有助于提升教师的专业能力。作为小学语文教师，面对当前快速发展的信息化进程，我们必须认识到学习的重要性，时刻注重个人能力的提升，充分利用阅读课堂，确保自身多方面素养不断增强。我们应积极成为理念传播的倡导者，实践理念的践行者。开展阅读教学和把握各种读物的方法，需要从多个维度出发，通过多元化的视角展现语文教师的专业水平和个人文化修养。当前，新课改提出了多项要求，阅读教学也面临着多重挑战。教师必须具备足够的危机意识，注重提升自身素养，拓宽知识面。加强理论学习能力至关重要，需要阅读专业书籍，了解国家政策走向，关注阅读教学的发展趋势。在实践教学中，教师应具备创新意识，自我要求严格，确保教学活动有明确目标、合理计划，具备策略性。无论是课堂的哪个环节，都需要积极配合、深化反思、未雨绸缪，以确保自身素养不断提升。语文阅读教学要求教师具备更广泛的知识储备和更高的专业素养，凸显了阅读教学的关键作用。结合阅读教学进行深入研讨，以确保教师专业能力持续提升。

四、小学语文教育中阅读教学的过程

小学语文教育中的阅读教学是培养学生语文素养、提高阅读能力的重要环节。这一过程旨在引导学生从阅读中获取知识、培养审美情操、提高语言表达能力，促进全面发展。下面将详细探讨小学语文阅读教学的过程。

第一，阅读教学的准备工作至关重要。教师需要充分熟悉教材，了解每篇课文的主题、结构、语言特点以及难易程度，以便针对性地制定教学策略。同时，教师还需根据学生的年龄、兴趣爱好、认知水平等因素，选择适宜的教学内容和教学方法。

第二，在阅读教学的实施过程中，教师应该注重激发学生的阅读兴趣。通过生动有趣的引言、情境设置、问题导入等手段，吸引学生的注意力，激发他们的阅读欲望，提高学习积极性。例如，可以通过引入一些与课文内容相关的图片、音频或视频资料，引发学生的思考和讨论，营造良好的学习氛围。

第三，教师应该引导学生进行预习。在开始正式阅读之前，教师可以通过简单介绍课文的主题、背景知识、生词解释等方式，让学生对课文内容有一个初步的了解，为后续的阅读打下基础。这有助于学生更好地抓住文章的重点，提高阅读效率。

第四，教师要指导学生进行精读。精读是指学生通过仔细阅读、理解每一个句子、每一个段落，全面把握文章的内容、结构和语言特点。在这个过程中，教师可以提供适当的指导，帮助学生理解生词、难句，分析段落逻辑，把握文章的主题和中心思想。同时，教师还可以组织学生进行小组讨论、师

生互动，共同探讨课文的意义和价值，拓展学生的思维空间。

第五，教师应该引导学生进行泛读。泛读是指学生在对课文进行了精读的基础上，再次阅读全文，加深对文章内容的理解和记忆。在这个过程中，学生可以尝试快速阅读，抓住文章的主要内容和脉络，培养快速获取信息的能力。教师可以设计一些阅读理解题目，引导学生进行综合性的阅读训练，提高他们的阅读理解能力。

第六，教师要进行阅读教学的总结和反思。在课堂结束之后，教师可以对本节课的教学过程进行总结，对学生的表现进行评价，指出存在的问题和不足之处，并提出改进的建议。同时，教师还应该及时收集学生的反馈意见，了解他们对阅读教学的感受和建议，为今后的教学改进提供参考。

综上所述，小学语文阅读教学的过程包括准备工作、激发兴趣、预习、精读、泛读和总结反思等环节。通过这些环节的有机组合和有序推进，可以有效提高学生的阅读能力，促进其全面发展。

五、小学语文教育中阅读教学的模式

（一）小学语文阅读中较有特色的教学模式

自 20 世纪 80 年代以来，我国阅读教学研究异常活跃，有关阅读教学课堂结构的成果层出不穷。以下探讨一些较有特色的阅读教学模式。

第一，"揣摩、引导、讨论、点拨"课堂结构。从适应培养自学能力的需要出发，在实践中探索出的一套阅读教学课堂基本结构。"揣摩""讨论"是指学生的学习实践，"引导""点拨"是教师在其中起的主导作用。

第二，"整体回环阅读教学法"。"整体回环阅读教学法"根据人们认识事物往往是先从整体入手，然后分为若干个部分深化，最后再回到整体的规律的原理，设计了阅读教学的五个基本步骤：提出课题，明确任务；通读全文，抓住中心；依据中心，理清思路；围绕重点，分段精读；由段至篇，回环整议。

第三，语文单元达标教学课堂教学结构。语文单元达标教学课堂教学结构是一种借鉴布卢姆掌握学习理论而设计的语文课堂教学结构。一篇课文的教学一般分为感知了解、分析理解、概括深化三个学习阶段。其课时教学模式一般分为四个环节：激发兴趣，明确目标；指导自学，实现目标；综合训练，深化目标；反馈矫正，达成目标。这种教学结构的突出特点是以教学目标为依据，以指导学生自学为途径，以反馈矫正为保证，以使绝大多数学生达到教学目标为目的。

第四，情境教学模式。情境教学模式是语文教学中影响最大的一个教学流派。情境教学的步骤一般为：初读——创设情境抓全篇，理清文章思路；细读——凸显情境抓重点，理解关键词、句、段；精读课文凭借情境品语感，欣赏课文精华。

第五，六步教学。定向—自学—讨论—答疑—自测—自结，这是特级教师魏书生提出的六步阅读教学程式。这种教学方法按"定向（提出课文的学习重点）—自学—讨论（提出自学中的问题和师生讨论）—解答（找查工具书参考书，或由同学、老师解答）—自测（练习）—小结"来组织阅读过程。"六步教学"的特点在于把教师的指导和学生的自学紧密结合起来，让学生能独立解决阅读任务的一部分或大部分。

第六，"明确目标，强化训练"阅读教学课堂结构。"目标明确、训练强化"是阅读教学课堂的基本结构，该结构包括五个环节：整体感知、重点突破、全面欣赏、语言巩固、综合考查。这个设计是为了解决阅读教学中存在的两个主要问题：一是过于关注课文的分析理解，而忽略了语言的积累和运用；二是在课文分析上面面俱到，却没有明确、集中的目标，因此无法抓住重点。该结构的特点是注重目标明确、重点突出、训练实践。

第七，"五环节七步骤"课堂教学结构。这是以系统论为理论依据而设计的一种课堂结构。其教学过程包括五个环节：基础训练；出示目标；指导学习，反馈纠正；巩固提高；总结达成度。其中第三个环节包括交替进行的"指

导学习""反馈矫正"和"调控训练"三步，其余环节各为一步，因此共七步。每个步骤都规定了调控时间。这一结构具有两个明显特点：一是课堂设计有明确的目标和过程；二是课堂教学重调控、重强化。

第八，"问题研讨式课堂教学结构"。"问题研讨式课堂教学结构"是一种针对阅读教学设计的教学模式，受到目标导向教学理论、合作学习和和谐教学方法的影响。在提前分组的基础上，该结构包含五个关键环节：热情引导、提出学习问题、小组学习与讨论、班级分享学习成果、提出质疑与交流。

第九，"读读、说说、议议、写写"。读读——指导学生朗读课文；说说——引导学生感知课文内容；议议——启发学生围绕中心句，层层展开，理解课文内容；写写——指导学生展开想象，练习写话。这一课堂教学结构，力求让学生多读、多说、多议、多写，把读、思、说、写有机结合，从而培养阅读能力，促进语文能力的全面提高。

第十，"导读—扶读—自读"教学模式。"导读—扶读—自读"教学模式适用于几个部分结构、写法基本相同的课文（如《美丽的小兴安岭》和《美丽的公鸡》），在该模式下，首先进行"导读"，即由教师指导下的阅读；其次是"扶读"，学生尝试利用上述方法进行阅读；最后是"自读"，学生在个人阅读、思考的基础上进行讨论和交流，这种教学结构有助于学生理解学习过程，积累学习方法。

（二）小学语文阅读课堂结构的六环节模式

阅读教学的课堂结构是多种多样的，不同的课堂结构具有不同的特点或优势，当然各种结构往往也有一定的适用范围或自身的局限性。掌握各种课堂结构的特点，适应各种情况的教学当然是必要的，但掌握适用范围最广的、最一般的阅读教学课堂结构更是十分必要的，此处的适用范围最广的、最一般的阅读教学课堂结构，也就是阅读教学课堂结构的一般模式。当然这里的"适用范围最广的、最一般的"也只是相对的，不同的教学论教材（或不同的人）所归纳的一般模式也是不尽相同的。

　　参考各种相关模式与理论，对语文阅读教学的课堂结构，可以设计出含有"导入激趣、整体感知、理解感悟、练习积累、反思总结、延伸作业"六环节的一般模式。

　　1. 六环节模式的特点

　　（1）整体上遵循学生知识学习基本过程的规律与教学论中一般知识教学过程的观点。"注意—感知—理解—巩固—运用"这是学生学习某一知识的基本过程，这一模式中的六个基本环节正是遵循着这一过程设计的，这与教学论中有关知识教学基本过程的观点也是一致的。

　　（2）遵循阅读教学"从语言文字到思想内容，再从思想内容到语言表达"的基本规律。语言文字与思想内容是无法截然分开的，但教学过程的不同环节或阶段对两者的处理是有主从之别的。"从语言文字到思想内容，再从思想内容到语言表达"正体现了阅读教学过程不同阶段语言文字与思想内容的主从关系。从"整体感知"环节到"理解感悟"环节中的"感悟拓展"，整体上体现的正是"从语言文字到思想内容"的过程；而从"感悟拓展"到"领悟写法"，再到"练习积累"中"写"的训练，则体现了"从思想内容到语言表达"的过程。

　　（3）遵循阅读教学中的"从整体到部分，再从部分到整体"的规律。篇章结构的理解与字、词、句的学习相辅相成，它们之间互为学习的条件，没有严格或单一的起点。然而，在阅读理解过程中，对于字、词、句等"部分"的准确和深刻理解离不开上下文的支持，需要考虑文章的"整体"情境；而理解这些部分最终指向的是对文章整体意义的把握。"理解感悟"环节中的"理清结构""分步解读""感悟拓展"三步骤，正是体现了"从整体到部分，再从部分到整体"的学习规律。

　　（4）较好地处理了学生学习主体与教师教学主导的关系。本结构重视学生的学习主体地位，每项教学任务的完成都从尝试学习或质疑开始。例如，"整体感知"环节先让学生自学，再检查自学效果；检查自学效果时也是先让

学生汇报、评价，然后教师再作评价与引导；"理解感悟"中的"理清结构""分步解读""感悟拓展""领悟写法"等步骤，以及这些步骤中的每一小步，也都尽量从学生质疑、尝试释疑与自学开始。当然在教学过程中，也注意了教师的适时引导点拨。

（5）较好地体现了语文学科特点与教学规律。本结构较好地体现了语文学科工具性与人文性的关系，注重语言文字的扎实训练，注意了对文章人文内涵的感受与理解。特别是"理解感悟"环节中"感悟拓展"步骤的设置，以及"练习积累"环节中练习项目的提示，有利于工具性与人文性的全面落实。

传统的教学模式以教师讲授为主，强调教师的主导作用，学生被动地接受知识，忽视了学生主观能动性和能力的培养。现代教学将教和学相结合，是师生交往、互动、共同学习的过程。在小学语文阅读教学中，我们需要探索从技能训练转向策略教学。传统观念认为，阅读是掌握一系列技能的过程，学习阅读就是学习一套分层级顺序的技能，以形成阅读能力。然而，在这种技能训练的观念下，学生仅仅是被动地接受文章信息，这种方法并没有使学生的阅读能力有质的飞跃。实际上，阅读是一个积极的过程，学生阅读能力的发展需要他们形成适应不同阅读任务的策略来理解课文。学生的阅读能力不佳往往是因为他们不能根据学习任务选择恰当的策略，也无法灵活运用已掌握的策略。因此，教学的目标应该是教给学生有效的阅读策略，并指导他们如何恰当地运用这些策略。相较于传统的技能训练，阅读策略教学在目的、复杂程度、灵活性以及对读者的认识等方面存在着明显的区别。越来越多的教育工作者开始接受阅读策略教学的观念，并逐渐倾向于将其应用于阅读教学中，取代传统的技能训练方法。

2. 六环节模式的内容

（1）导入激趣。导入激趣这一环节的主要意图或目标是：创设情境，集中注意，导出课题，激发兴趣。可分两步进行：① 导入课题。通过一定方法，自然导入课题。② 解读课题。引导学生解析课题，激发学生的阅读兴趣与阅读期待。

（2）整体感知。整体感知这一环节的主要意图或目标是：初读课文，自主识字，了解内容，培养自学能力。可分两步进行：① 提出要求自学。中高年级这一步也可放在课前，即安排课前预习。② 检查自学或预习效果。检查学生对字词、课文内容等预习或自学情况，鼓励学生质疑问难、合作学习。低年级重点落实识字。

（3）理解感悟。理解感悟这一环节的主要意图或目标是：熟读课文，理解内容（字词句段篇的意思、含义），体会感情，理解（领悟）写法。这一环节的整体思路遵循两条基本规律："语言形式—思想内容—语言表达""整体—部分整体"。可分四步进行：① 梳理结构。引导学生寻找关键信息，梳理课文脉络，从宏观上把握课文结构，建立整体观念。这一步体现的是阅读教学过程基本规律中的第一个"整体"。低年级或简短的课文此步可省去。② 分步解读。按照一定的思路，引导学生一步步或一部分一部分解读课文：抓住重点语言文字，引导学生理解、体会其意思、含义、情感、作用等。这一步体现的是阅读教学过程基本规律中的"部分"。③ 感悟拓展。在分步解读的基础上，引导学生回顾整体内容，联系实际或有关资料，谈认识与感受，明白道理，升华情感，落实人文目标。这一步体现的是阅读教学过程基本规律的第二个"整体"。从"理清结构"到"感悟拓展"，经历的是阅读教学过程基本规律中从"语言文字到思想内容"的过程。④ 领悟写法。理解课文内容以后，特别是高年级的教学，应该引导学生发现与归纳课文在表达方面的特点或优点。这一步体现的是阅读教学过程基本规律中从"思想内容"再到"语言表达"的过程，也是促进读写结合的关键一步。低年级此步可省去。

（4）练习积累。练习积累这一环节的主要意图或目标是：巩固知识，积累语言，训练技能。低年级要注重写字训练；中高年级要重视拓展阅读与仿写等表达训练。

（5）反思总结。反思总结环节的主要意图或目标是确保学生能够全面地审视他们的学习过程，发现并纠正可能存在的问题和不足，从而更好地提高学习效果。通过反思总结，学生可以查漏补缺，弥补在学习过程中遗漏的知识点或技能，同时也可以将学到的知识进行升华，深化理解，提高思维水平。这一过程不仅有助于学生对自己的学习方式和学习效果进行评估，还能够培养其自我意识和自主学习能力，使其在未来的学习中更加积极主动，持续进步。

（6）延伸作业。延伸作业环节的主要意图或目标是通过给学生一些额外的任务或挑战，巩固他们已学知识，并进一步拓展学习内容。这些作业可能涉及更深层次的思考、更复杂的问题或更广泛的应用场景，从而激发学生的兴趣，拓展他们的思维，提高他们的学习能力。通过延伸作业，学生有机会在课堂之外继续学习和探索，加深对知识的理解和应用，同时也培养了他们的自主学习和解决问题的能力。这一环节不仅能够提高学生的学习效果，还能够促进他们的综合发展，为他们未来的学习和生活奠定良好的基础。

总而言之，六环节一般模式是一篇课文教学的一般模式，即一篇课文的教学一般包含这六个基本环节。当然如果一篇课文用两课时或三课时进行教学，这六个基本环节就应安排在不同的课时中，且各课时还应补充一些必要的环节，以保证其课堂结构的相对完整性。例如，如果一篇课文用两个课时进行教学，那么就可以将一、二、三环节放在第一课时，四、五、六环节放在第二课时，或者将一、二环节加上指导写字放在第一课时，其余环节放在第二课时；第一课时最后应该加一个课堂小结及布置作业的环节，第二课时的开头则应加一个复习导入环节。

六、小学语文教育中阅读教学的实践

（一）小学语文教育中整本书阅读教学

随着新课改推进与实施，整本书阅读教学理念已成为广大语文教师研究讨论的焦点。新时代下语文教学体系更加开放多元，增加了整本书阅读教学思路，开启了整本书阅读教学探索，希望可以找到一条适合学生整本书阅读的策略，帮助学生提高语文学习能力与语文素养，拓展学生整本书阅读的新思路。整本书阅读教学实践是时代赋予教育工作者的任务，将整本书阅读与课堂阅读结合，这是具有意义的研究课题。

想要确保义务教育高品质发展，先必须建设高品质的课程体系。语文教育中核心素养总目标强调建设育人为根、素养为本的课程体系，这也是语文学习任务群。其中增加了"整本书阅读"的相关内容，同时"课程理念和思路"提出要少做题，多读书，读好书，读整本书，通过整本书阅读培养孩子阅读兴趣，提高读书品位，掌握阅读方法，养成独立阅读的习惯。这也是整本书阅读课程实施标准，基于教材体系构建，应该侧重完善整本书阅读教材内容，为高品质语文教育提供框架。

整本书和国文教材单篇短章、其他学科教材是不同的概念，它具有整体性特征，学生除了阅读单篇文章外，还要兼采书本的一章一节。要将名著阅读植入课堂体系中，以教材为本，推进整本书阅读发展。将课外的名著阅读引入课堂阅读中，对学生适当指导，给他们阅读时间、阅读空间，不要将整本书看作点缀或辅助，也不能完全放手让学生自己去阅读，这样很容易导致随意读、形式读。要将整本书阅读设计成教材体系，让师生互动共读整本书，如此一来"名著导读"才可发挥其真正作用。

在语文核心素养目标下，整本书阅读可以细分为文化、语言、审美、思维四个目标，为实现立德树人任务，协同四个目标稳步推进。整本书阅读体现了实践性、组织性，与阅读鉴赏目标保持统一。这给整本书阅读教育活动提供指引。阅读目的不单单是解释文本意义，还是一种探索，找到最佳阅读策略、方法。阅读内容是丰富，不局限在语文单一学科上，可以阅读其他学科，因此整本书阅读应该是多元知识、多元学科阅读。透过整本书阅读学科可覆盖、延伸到其他学科，从而方便我们开展综合性阅读活动。整本书阅读可以拓展学习任务，突出实践性，以语文实践为主脉络，以学习主题为引领，以学习目标为方向，整合内外资源、阅读情境、方法，实现阅读能力、素养提升的目标，契合了核心素养培育目标。

整本书阅读单从字面解释是阅读整本书，整本书阅读是指基于完整文学作品，运用阅读策略、技巧、方法，与整本书对话，并获得个人阅读感悟、阅读体验，宏观把握阅读的完整性，文本内容的学习活动，它属于正式学习范畴，与课堂内学习有机结合。为学生文学素养提升，语文阅读技能提升带来积极影响。整本书阅读与单篇短章阅读不同，因此两种教学内涵也有本质区别，后者借以教材选文，对某一单篇反复精读，根据语言文字体验作品内涵，解读作者创作意图。小学语文阅读教学要将单篇强化阅读与整本书阅读结合起来，将课内阅读与课外延伸阅读结合起来，这样可以避免过于机械地阅读教学。同时还要关注学生的阅读兴趣，以课内阅读带动课外的整本书阅读。整本书阅读教学是运用课堂时间，通过师生共读、统一互动，共同完成某一本书阅读。教学任务是研讨、阅读一整本书，其内容又贯穿语文必修课、选修课以及选择性学习课程。尤其是在新课程标准中，强调了整本书阅读教学目标、改革意义，通过整本书阅读教学，让学生掌握阅读方法，灵活运用阅读策略，形成良好的阅读习惯。

综上所述，小学语文整本书阅读教学就是基于教师引导、指导，结合教学目标和要求，指导学生阅读经典文学作品，获得与文本联系，把握全书内涵，注重思考体验，以掌握阅读方法，形成阅读习惯，培养语文素养及能力的综合性活动。对于整本书阅读作品选择可参考课标推荐的书目，也可以结合教材节选购买与之相关的书目。

1. 小学语文整本书阅读教学的思想

（1）基于"阅读素养"导向。阅读是个体生活活动，也是一生践行的好习惯，通过阅读可让人们获得丰富知识与经验，也能保持身心愉悦，丰富读者的精神世界。正所谓读书使人快乐。小学生在日常生活中可以阅读，在课堂学习中也可以阅读，阅读就在我们身边，而学生阅读能力是逐步形成的，并以语文素养作为折射，它反映了学生的阅读能力。当然阅读素养定义广泛，它包含知识和技能、过程和方法、情感态度和价值观三个方面，通过设计具体的教学目标，以促进学生的阅读能力。基于新课程标准改革指导，对提高学生的阅读能力有积极指导作用。小学语文教师要从宏观上把握学生的阅读能力，创新阅读方法，传递阅读知识，培养学生阅读品质。基于特定教材设计阅读教学计划，结合课程标准设计阅读教学，将阅读和现实生活结合，开展丰富多彩的阅读活动，例如，校园内部开展阅读节、经典诵读比赛等，通过这些实践性活动，让学生掌握阅读知识、阅读策略等，并与语文课程内容相结合，提高阅读能力。

（2）聚焦学生阅读能力提升。阅读素养是一个宏观性概念，它包含知识、能力、情感三个维度。首先是"读"，要求学生必须掌握独立阅读的能力，能够朗读、诵读、领读等，掌握这些技巧才可更好参与阅读；其次是"积"，要求学生积累阅读方法，结合文本内容选择适合的阅读方法；再次是"评"要求学生反馈评价阅读后感受，有输入自然就会有输出，通过"评"的部分可以反馈出学生表达能力、思考能力；最后是"赏"，要求学生能够结合阅读培养阅读情感。实际上"读""积"侧重阅读知识输入；"赏""评"侧重阅读感受输出。通过这四个部分层层递进，环环相扣，有助于提升学生的阅读能力。

2. 小学语文整本书阅读教学的规划

（1）整本书阅读的实施理念。整本书阅读必然联系到读者、文本等要素，通过阅读可以获取信息，更新学生的知识建构，积累更多的经验。通过阅读丰富了学生的思维世界，提升学生文学素养，基于学生为中心，通过整本书阅读，培养学生热爱阅读的习惯，并提高独立阅读能力。阅读中可丰富自己的知识，发挥主动阅读，兴趣阅读，将课堂知识与课外知识联系起来，转化为自己的知识。当然，整本书阅读不是一个人的阅读，需要同伴参与，与同伴互动，分享阅读后心得，共同完成阅读任务，针对阅读中遇到的问题，共同解决，共同探索，从而打造一套"教读、自读、课外阅读"的有机生态

体系。

综上所述，小学语文教师对整本书阅读教学理解比较统一，整本书阅读不仅要求掌握内容，还是传授给学生阅读方法，让他们学会阅读，提高阅读品质，更确切地讲，整本书阅读是学法迁移，根据教师认知与理解，开展整本书阅读活动，培养孩子阅读能力，让其掌握技巧，培育学生良好阅读习惯，进而建设完整阅读体系，潜移默化中提升学生的文学素养，通过整本书世界拓展学生的视野、思考。

（2）整本书阅读的教学目标。所有教学活动都是围绕目标开展的，那么整本书阅读教学也是如此。教学目标指导整本书阅读课程活动开展，它为进行整本书阅读教学指引了方向，教学目标是否可行，是否得当直接关系整本书阅读教学结果。

第一，教学目标的设置依据。整本书阅读教学目标是提高学生阅读素养，培养学生"读""积""赏""评"的能力。作为阅读教学的构成，整本书阅读教学开始之前就已经明确了目标，因为"编者在设计语文教材的时候，心中已经形成了教学目标，然后这一目标会被层层分解，通过直接或螺旋方式分解到每一册、每一单元中。教学内容受到教学目标的指引，然后分配到不同年级教材中。"语文教学目标可分为知识能力、过程方法、情感价值三个方面，三个大目标相互联系，它们又渗透到各个年级教材具体内容中。整本书阅读教学和单篇短章阅读教学并不是一回事，它具有特殊价值，丰富内涵，教学目标也契合了上述三大目标，关注学生整体阅读，注重培育阅读品质。为此设计整本书阅读目标，需要从推荐文本入手，文本内容决定怎么阅读，例如，诗歌、小说、寓言等类型不同，阅读方法也就不同了。此外，设计整本书阅读目标还需要考虑语文单元要素、课程标准、学生接受理解能力等。

第二，教学目标的详细表述。整本书阅读教学活动中，教师应注意激发学生的阅读兴趣，并在一定程度上提高学生的阅读理解能力、阅读策略规划能力等。实践教学要关注阅读方法和技巧，让学生通过整本书阅读实践提高阅读能力，保持持续的阅读兴趣。首先，把控好阅读时间，老师引导阅读，根据整本书阅读计划，阅读文本内容，让他们从中找到快乐，学会整本书阅读。其次，利用各种富有特色的阅读方法来整理故事情节。例如，高年级整本书阅读教学培养学生自主阅读能力，可独立地读懂小说的剧情，提高自己的阅读水平，通过阅读也可促进学生思想发展，培养学生的美学欣赏能力。由此可看出，不同年龄阶段、不同教育年级设置的整本书阅读目标不同，需要顾及学生的个性化发展。四类整本书阅读教学目标设计中，分别针对科普类、童话类、民间故事和成人故事，植入丰富题材，结合书目特征进行设计整本书阅读方案，但是忽略了整本书阅读的"整"性特征。整本书阅读教学活动中，老师还需要结合阅读老师要根据语文课程目标、学段、教学建议等做出合理设计，从知识技能、过程方法、情感价值多维测评，让目标之间保持独立，又相互联系，整本书阅读设计需要兼顾到学生兴趣、思维以及能力，做好全盘考量设计。

3. 小学语文整本书阅读课程的实施

整本书阅读课程是基于学生为中心，选择适合学生阅读的经典儿童文学作品去作整体阅读计划设计，通过儿童文学或社会图书，运用师生共读的方式，组织班级读书，透过阅读引导，阅读讨论，分享阅读。整本书阅读课程作为一种以阅读探索为主的课程，需要学校、老师、家庭、社会等多方重视，需要各方主体共同支持与持续努力，整本书阅读课程共建具有重要意义，更需要每个教师在整本书阅读课程教学中关注学生成长与进步。亲近母语在整本书阅读中起到了重要作用，依托整本书阅读课程设计，将课前导读、课中推进、课后交流三个环节联系起来，可以推进整本书阅读的落地执行。

（1）阅读前设计导读课。

第一，导读课的目的。设计导读课，其目的在于导论课程唤起学习者对整本书的阅读兴趣，整本书的阅读教学之前，最关键是激发培育学生的阅读兴趣，使他们产生虽不能至，但心向往之的渴望与期待，因此语文教学重要任务是培育学生的阅读兴趣。兴趣是个人具有情感色彩的认知取向，产生兴

趣、发展兴趣都是个体需求的体现。那么培养学生的阅读兴趣，首先要培养学生对整本书阅读的兴趣。兴趣是最好的教师，只有当一个学生真正地爱上了阅读，那么阅读就会自然而然地形成他们持续保持的习惯。读完一本书会给学生带来很大的挑战，因为有些章节是比较有难度的，理解起来比较困难，此刻就需要老师的导读策略，让学生迅速地投入到整体阅读当中。反之，同学们还没有形成阅读的兴趣、习惯，那么教师的导读课更为重要，可以拉近学生与作品的关系，引导学生贴近现实、深入学习，将导论课程视为"入门课"，激发了他们阅读兴趣，通过"导读课"这一把钥匙开启了一扇通往语文殿堂的大门。

第二，导读课"激趣"六法。导读课并非必然，一些书中运用某些关键词汇，就可让学生进入书本世界，还有一些教师通过朗读让学生进入故事场景中，但是还有一些书目学习，需要介入导读策略，主要的导读方式如下：

一是精彩片段吸睛法。经典儿童文学作品中有许多精彩的片段和情描写，尤其是趣味性极强的情节，代入性极强，虽然只是短短几分钟内容，却可以激发孩子们的阅读兴趣。导读教材设计，需要选择适当的内容，运用高质量朗读，让学生感悟、体验，相对于老师的说明性语言，这些内容的朗读让学生更易于理解，从而达到事半功倍的效果。

二是人物形象引路法。很多儿童文学作品中树立了鲜明的人物形象，他们的性格突出，吸引了不少阅读者探索。如曹文轩撰写的《草房子》一书，主人公是个性独特的青年，开篇文字就以性格描述吸引人们阅读，少年桑桑将橱柜改造成鸽子笼，将蚊帐改造成捕鱼网，这些淘气画面一下就俘获了阅读者的好奇心，无须其他过于华丽的辞藻，似乎少年所做的事情与阅读者想做的事情一样，他们被书中人物所吸收，兴致勃勃地继续看书。

三是作家故事勾连法。很多学生比较喜欢阅读当代作家的创作作品，为此购买了不少此类书籍。如果可以将这些作家邀请到学校，为学生们开展讲座，势必可以激发学生的阅读兴趣，把他们的成长故事、创作故事告诉学生，让学生近距离接触这些作家，影响校园阅读氛围，形成热爱阅读的风尚。当然，创作者也不可能频繁进出校园，导读中可以将作者一些情况介绍给学生，他们的成长经历、创作启发等，只有了解作者，才能深入了解作品。

例如，海伦·凯勒创作的《假如给我三天光明》，在开始之前先给学生播放一首歌曲，让他们进入到一种奇妙氛围之中。然后学生们会意识到音乐与所学文章有某一联系，实际上这样的美感是作家可以触及的，类似海伦这样的盲人能够感受到，如果闭眼去感受海伦的感受，可以更好理解她所期盼的"三天光明"是多么珍贵。此外还可以展示海伦·凯勒照片，补充关于他的简介内容，向学生展示了海伦的文学作品，这些作品都是出自海伦之手，虽然她是生活在黑暗世界中，但是她的乐观精神却深深影响着广大读者。通过导读课程设计，可以给学生带来震撼，也带来对海伦的崇拜，会影响他们对整部小说的阅读。

四是文中插图预测法。阅读文本的时候，会有很多契合文章内容的插画，这些插画起到了点睛作用，往往都是文章中最精彩部分的展现，阅读完文本后，不难发现那些插画也在诉说最精彩的故事情节，插画呈现了故事发展。因此导读设计的时候，可以选择与插画相对应的片段，以此作为导读吸引学生的目光。

五是影视作品激趣法。一般而言，视听学习效果要比阅读学习效果要高，很多经典文学被改编成电影，且在影视市场中影响较好。例如，《夏洛的网》《吹小号的天鹅》等，在学习这些作品的时候，可先从影视作品入手，播放相关电影或片段，激发学生的阅读兴趣。让学生一边观看，一边阅读，从而加深对文章的理解。

六是同伴导读示范法。导读课上可以先读"共读书目"部分，然后让一部分学生给另外一部分学生进行导读，通过反复训练后，接受导读任务，提高理解表达能力。其他同学因同伴导读，会对作品充满兴趣，从而产生"我也要试一试，我也想看一看"的想法。利用导读策略开启学生的深层阅读和完整阅读。

综上所述，好的导读课设计，可以激发学生的学习兴趣，他们通过导读

一角，对整部作品充满好奇与探索，求知欲也大大提升。总结了上述六种导读方法，希望可为语文教育工作者及同行提供一些导读设计启发，当然导读策略不局限上述六种方法，还可以利用发散思维，设计书名、设计封面，以此引导学生阅读。带着"问号"去阅读文章，让学生能够独立思考。还可以引导学生关注书眉，关注章节之间的联系，课外查阅资料，激发他们的兴趣，满足好奇心。通过老师导读让学生去完整地读完一本书，这就是导读最好的应用价值，也是我们最初设计导读策略的目的。

第三，导读课片段选择。确定了导读策略，还需要关注导读片段的选择，就像我们观看一部影片一样，影片中最精彩、最精彩的部分总是最能引起观众注意。那么学习语文中导读片段也应该是呈现最出彩的内容，让学生可以跟着导读带着好奇学习本篇课文，因此导读中可以选取哪些片段，需要注意以下方面：

一是片段选择注意趣味性。读书应该是一件快乐的事情，孩童天性使然，只有做某一件事情让他们体会到快乐，他们才会主动去做，那么读书也是如此。快乐定义很多，它不是一笑而过，是笑后能够有所思考，有所感悟。为此导读课片段选择要讲究趣味性，通过导读可以让学习者体会到快乐，从而带着兴趣进行全篇阅读。

二是片段选择体现适切性。实际上导读起到引领作用，学生们通过导读课片段然后进入全书阅读，导读是打开一书的小角，导读课片段让学生们尝到知识甘甜，然后产生了渴望、好奇。为此在导读课片段选择上要注意适切性。首先根据书本内容，书目因果关系，片段内容进行选择。若因果紧密，片段完整，可选择靠前内容作为导读课片段。刺激学生的好奇心，让其产生阅读期待。

例如，《埃米尔擒贼记》是根据故事发展顺序撰写的，导读选择故事开端，展现了主人公埃米尔和母亲生活状态，他们彼此相互关系，相互体贴，后来埃米尔准备看望外婆的时候，准备带着妈妈辛苦攒下的钱购买火车票……随着故事的发展，学生们会好奇火车上又会怎么样？结果火车上埃米尔睡着了，也因这次睡着导致钱财丢失，此种情况下埃米尔怎么办，他能否找到被窃的钱财呢？老师也会抛出问题"如果你是埃米尔，你会如何做呢？带着这些疑问开始整本书的阅读吧"。通过这样导读片段设计，引导学生带着好奇走进故事。相反，如果整部书目联系并不那么紧密，每一个故事都独立成章，片段选择空间大。那么在导读片段选择的时候，应该注意选择兴趣点较高的片段，例如，《西顿动物故事》，它描述了动物故事，每一个章节针对的动物描写都不同，为此在选择导读内容的时候可以选择有代表性的章节。

三是片段选择凸显典型性。为了激发学生对文章的兴趣与好奇心，在导读内容挑选的段落上，要注意选择整本书最精彩或最重要的章节，甚至可以选择某一个小高潮部分。例如，《西顿动物故事》，本书讲解九个不同的动物故事，每个动物都有非凡天赋，创作者观察这些动物特征，运用精美绝伦的描述将他们的故事生动呈现给读者。九个故事都是独立的，并无先后关联的关系。经过认真阅读后则会发现：整本书的核心部分是《喀伦泡之王老暴》的故事，为此在导读内容选择上可以《喀伦泡之王老暴》的故事作为开头，一边阅读一边让学生猜测，当学生完成阅读故事后，可以将目录告诉学生，让他们了解整部书分为9个故事，每一个故事都有一个"动物"角色，透过最精彩的故事吸引学生去探究其他的故事，让学生保持持续的阅读兴趣。

四是片段选择注重层递性。一部优秀的儿童文学作品，不仅具有精妙的结构设计，还具有超强的叙述表达结构。以，《小鹿斑比》而言，张艳艳老师在导读设计环节选择"原始丛林法则"为出发点，给孩子们朗读了三段故事，首先是小鹿斑比出生故事；其次是小鹿斑比目睹丛林弱肉强食的现状，理解了丛林法则；最后是小鹿斑比看到"王子"被猎人射杀。这三个故事是层层递进的关系，一个故事比一个故事惊险，沿着这种思路让学生们情不自禁地被好奇心探索欲望填满，深陷故事情节，学生们对故事结尾充满期待。从而激发了学生的阅读兴趣与热情。

五是片段选择力求完整性。进行整书阅读是为了培养学生的完整理解能力，避免碎片化理解，阅读中尽量选择完整片段，让阅读者可以沉浸相对完

整的语言环境中，从而加强他们的理解与知识转化。

综上所述，导读备课中片段选择并不是盲目选择或随意选择，对此需要掌握好两个关键点：一是学生为中心，结合学生理解力、兴趣点选择适合的片段作导读，以此引导学生阅读；二是文本为起点。导读应该是研读整篇文章的起点，通过精心选择片段内容，巧妙设计导读策略，迎合学生的导读需求，提高他们的学习兴趣，从而最大发挥导读作用，将导读化作一枚开启阅读整本书的钥匙，帮助学生打开阅读的大门。

（2）阅读中设计学习单。在整本书阅读过程中可能很难促进阅读过程，每个学生的阅读能力不同，阅读过程也会有很大的不同。阅读学习任务单可以提高阅读教学效率和学生阅读能力的方法。在整本书阅读学习中，如果教师能够认真制作一份适合学生水平和特点的阅读学习单，帮助学生进行阅读学习，将提高整本书阅读的教学效率。

第一，从情节上设计。对整本书情节的梳理，可以帮助学生建立整体认知，形成深层次的记忆，对整本书的理解也就更深刻。对情节梳理时注意不要让学生整段地复述故事，写很多的书中的情节内容，事无巨细，关键事件很重要，可以教给学生们一些工具来帮助情节的回顾，如可以采用填写表格，绘制图画等方式制作学习单。

第二，从人物上设计。一本优秀的文学作品，人物都是立体化的，教师在设计学习单时，注意引导学生不要先入为主，给人物贴标签，因为人物的设计不是扁平化的，注意找到书中的理据，不能随便说说，梳理完之后要为人物立传。

第三，从主题上设计。每一本书的主题都凝聚着作者的智慧火花，但是主题相较于情节和人物而言，对学生们而言难度是有点大的，教师可以先从话题入手，给学生们一个话题谈论的空间。

（3）阅读后上好交流课。

第一，分享感受。读完一本书，最直观的感受有哪些，这样的分享，每个学生都可以谈论，是喜悦、是悲伤、是高兴、是憧憬还是愤怒以及我们阅读时候的喜爱或者厌恶，以及幸福的感受，当然还有阅读时带给我们的感动。这些都可以拿来分享、拿来交流——只要是我们在阅读中产生的真实感受。

第二，分享精彩。交流时还可以聊聊精彩的片段。如这本书当中哪一段写得特别好，可能是写景的、可能是描写某个场面的、可能是一些某个特别激动人心的时刻、也可能是写人物的内心活动等，在交流课上，把它拿出来，让学生来读一读、品一品、谈一谈。在课堂中把每个人所认为的一本书当中最精彩的部分说出来，一起来分享、交流、互动，这样的交流一定会加深学生对这本书的印象，走向这本书的更深处。

（二）小学语文教育中不同文章主题的阅读教学

1. 情感类主题文章的教学

教授情感类主题文章的教学需要精心设计，因为其中包含记叙文、诗歌、抒情散文等不同类型。教师在这方面扮演着导演的角色，通过各种手段营造情境，渲染氛围，让学生情不自禁地投入其中，仿佛身临其境。在强烈的情感氛围下，教学效果更为显著。对于诗歌和散文，重点在于引导学生从文字中感受作者的情感。因为诗歌和散文的生命在于情感的表达。教学过程中，可以通过关键词句的品读、重点段落的诵读以及段落结构的比较等方式，引导学生深入体验其中的情感。反复朗读、反复体验是诗歌和散文课堂教学的基本策略，有助于学生更好地理解和欣赏情感类主题文章。

2. 哲理类主题文章的教学

寓言、童话、小说、神话故事等属于哲理类主题课文，教学这类课文，关键要讲清"事"，使学生通过"事"悟出其中的"理"，然后再伸延、扩展，明白这个道理在现实生活中的普遍意义和指导作用。教师在教学这类文章的时候，可以采用如下教学模式：谈话引入，理解题目—初读课文，整体感知—重点感悟，揭示寓意—畅所欲言，各抒己见。

对于寓言、童话类课文，要结合字词学习，加强朗读、复述等语言实践活动，组织学生讨论交流对感兴趣的任务和事件的认识和想法。该类课文总体上要注重引导学生想象，进行多样化的训练。例如，在低年级可以运用图文对读、突出识字与写字；在中年级引导学生欣赏人物形象、精读并仔细品味语言，训练学生复述故事；在高年级则指导学生概括主要内容，学习揭示课文主题并引导学生分析象征意义。

在教授小说与神话时，应该引导学生全面把握主要情节，厘清故事的前后关系，了解情节对人物性格塑造和主题揭示的作用。学生需要仔细品味文字描写，抓住人物的性格、思想和情感，深刻领悟小说的主题，体验神话的神奇魅力。此外，教学还需引导学生分析环境描写，了解人物生活的环境，探讨环境与人物、主题的紧密联系，学习作者描写环境的方法与技巧。

3. 形象类主题文章的教学

在形象类主题教学中，通常会以"他是一个怎样的人"为主导问题，引导学生抓住人物的动作、语言、神态描写来品味其心理活动，从而层层深入体会人物的内心世界和性格特点。当学生已经被课文的主人公及发生在主人公身上的故事情节深深地吸引时，顺势引导学生去发现，作者是如何把文章写得这样生动、深刻的，从而对写作方法、技巧进行相应的梳理和总结，使学生更容易依从自己对文本的体验，自主地进行"学"的活动。我们还可以设计仿写的环节，引导学生运用这一课所涉及的写作方法或技巧来进行仿写，给学生的"写"搭建平台。

4. 观察类主题文章的教学

部分散文（尤其是以写景和描写物品为主题的）属于观察类主题，教授这类文章的关键在于培养学生多种观察方法，如定点、换点、比较和反复观察，并且能够运用多种观察顺序，如从整体到局部、从局部到整体等，来观察事物。此外，学生还应能够分析、比较和综合观察到的材料，并使其与文章的中心思想相协调。在教学这类文章时，教师可以采用以下教学模式：直观导入，激发学生兴趣；整体感知，抓住文章的特点；默读批注，深入体会文章内容；全班交流，共同品读和评析文章；回归整体，梳理文章写作方法；读写结合，通过练笔拓展学生的写作能力。

此外，对于古诗文中的古诗教学要注意：一是理解古诗，重在抓住学生感到生疏、古今词义不同的关键词语，帮助学生理解；二是运用情境教学，让学生感受意境美，引学生"入境"；三是引导学生产生共鸣与移情，关注古诗教学重想象、重朗诵的要求，指导学生通过吟诵与想象，深入体会古诗的意蕴。对于文言文，先要指导学生读通全文，让学生结合注释，理解每句话的意思，进而整体把握课文内容。引导学生品味语言，展开想象，同时还应要求学生熟读成诵。

第三节　小学语文教育中的口语交际

在小学语文口语交际教学中，教师要合理把握口语交际的特点，突出训练的主体与目标，有效运用口语交际教学的策略。通过创设情境，注重结合小学语文教学的特点，在各个环节有意识地培养学生的口语交际能力。教师要注意评价的导向和激励作用，充分利用随堂性评价和激励性评价，根据教学主题，因地制宜地采取富有个性的评价策略。充分考虑提高学生口语交际能力的情景与策略，积极引导学生在日常家庭生活、社会活动以及学校活动中锻炼口语交际能力。注重指导学生在口语交际中文明表达、个性地表达以及合理运用肢体语言，准确表达自己的思想，指导学生成为一个会表达且具有较高口语表达水平的人。

一、小学语文教育中口语交际教学的意义

小学语文教育中口语交际教学的意义重大而深远。口语交际是语言运用的基本形式之一，它直接涉及学生的语言表达能力、沟通能力和社交能力的培养。小学语文教育中口语交际教学的意义如下：

第一，促进语言交流能力的发展：口语交际教学能够促进学生的语言表达能力，让他们学会用适当的语言和表达方式进行交流。通过与同学、老师以及其他人的交流互动，学生能够锻炼口头表达的能力，逐渐提高自己的语言组织和表达能力。

第二，增强沟通技能：口语交际教学培养了学生与人沟通的技能，让他们学会倾听、理解和回应他人的言辞。在与他人交流的过程中，学生不仅学会表达自己的想法和情感，还能够学会尊重他人的观点，有效地进行交流。

第三，提升社交能力：口语交际教学有助于培养学生的社交能力，使他们学会与他人建立良好的人际关系。通过参与各种口语交际活动，学生能够培养自信心、合作精神和团队意识，从而更好地融入集体生活，与他人和谐相处。

第四，丰富语言体验：口语交际教学可以让学生在实际生活中感受语言的魅力，丰富语言体验。通过生动有趣的口语活动，学生能够体验到语言的生动性和表现力，激发对语言学习的兴趣和热情，提高学习的积极性和主动性。

第五，促进文化交流：口语交际教学有助于促进不同文化之间的交流与理解。在口语交际中，学生不仅可以学习语言知识，还能够了解不同文化背景下的语言使用习惯、礼仪规范和价值观念，增进文化认知，培养跨文化交际的能力。

第六，提高学习效果：口语交际教学有助于促进学生对语言的综合运用和理解。通过口语交际活动，学生能够将课堂所学的语言知识应用到实际交流中，加深对语言的理解和记忆，提高学习效果。

二、小学语文教育中口语交际教学的特征

（一）口语化与大众化特征

小学语文教育中口语交际教学的口语化与大众化特征体现在多个方面。

第一，口语交际教学注重实际应用，强调学生从生活中获取语言素材，使语言教学贴近学生的日常生活。通过与学生进行真实而有意义的口语交流，教师可以引导学生掌握实用的口语表达方式，提高他们的语言运用能力。这种以生活为基础、以实用为导向的教学模式，符合学生的认知特点和学习需求。

第二，口语交际教学强调语言的实用性和通俗性，注重培养学生的口语表达能力和语言交际技能。在课堂教学中，教师通常会选取贴近学生生活、富有情感色彩的素材，如校园生活、家庭生活、社会热点等，引导学生进行口语交流，让他们通过亲身体验、情感共鸣来理解和表达语言，从而增强语言的感染力和生动性。

第三，口语交际教学强调个性化和多样化，充分尊重学生的个性差异，注重发挥学生的主体作用。在口语交际课堂上，教师通常会根据学生的兴趣爱好、个性特点和学习水平，灵活设计教学内容和活动形式，为每个学生提供个性化的学习体验，激发他们的学习动力和创造力，从而达到更好的教学效果。

（二）互动性与综合性特征

第一，口语交际教学注重师生之间和学生之间的积极互动。在口语交际课堂上，教师不再是简单地传授知识，而是扮演着引导者和促进者的角色，通过与学生的互动交流，激发学生的思维，引导他们主动表达和交流。同时，学生之间也会展开各种形式的口语交流活动，如小组讨论、角色扮演等，促进彼此之间的互动与合作，共同探讨问题，共享学习成果。

第二，口语交际教学重视综合运用语言能力。在口语交际课堂上，不仅注重口头表达能力的培养，还强调语言技能的综合运用，包括听、说、读、写等方面。学生在进行口语交际活动时，不仅需要准确地表达自己的想法和观点，还需要理解他人的意思，积极倾听并做出回应，这有助于提高他们的综合语言运用能力。

第三，口语交际教学注重真实情境的模拟和应用。教师会设计各种情境和任务，让学生在模拟的真实情境中进行口语交流，如角色扮演、情景模拟等，使学生能够在实践中感受语言的应用场景，增强语言运用的自信心和效果。

第四，口语交际教学强调学科知识与语言技能的有机结合。在口语交际课堂上，教师不仅注重学生语言能力的培养，还注重学科知识的传授和运用，通过口语交际活动，引导学生运用语言来表达学科知识和理解学科内容，使语言学习与学科学习相辅相成，达到综合提升的效果。

（三）生动性与灵活性特征

小学语文教育中口语交际教学具有生动性与灵活性特征，这体现在教学过程的多个方面：首先，口语交际教学注重生动性。在口语交际课堂上，教师会通过丰富多彩的教学方法和手段，如游戏、角色扮演、趣味讲解等，激发学生的学习兴趣，使课堂氛围生动活泼。通过生动有趣的教学内容和活动，学生更容易投入其中，提高学习的积极性和主动性。其次，口语交际教学具有灵活性。教师在设计口语交际活动时，会根据学生的兴趣爱好、实际水平和学习需求，灵活调整教学内容和形式，以达到最佳的教学效果。同时，教师会根据课堂实际情况随机应变，灵活处理教学过程中出现的问题，确保教学顺利进行。

（四）临场性与随机性特征

小学语文教育中口语交际教学的两个重要特征是临场性与随机性：首先，口语交际教学注重临场性。在课堂上，教师会根据学生的实际情况和学习需求，在现场灵活调整教学内容和方法。这意味着教师需要具备良好的应变能力和观察力，能够随时根据学生的反应做出相应的调整和安排，确保教学效果最大化。其次，口语交际教学具有随机性。教师在设计口语交际活动时，可能会设置一些随机因素，如随机选择学生回答问题或组织小组讨论等，以增加课堂的趣味性和活跃度。这种随机性的设置可以激发学生的参与热情，促进他们更加积极地参与到教学活动中来，提高口语交际能力。

三、小学语文教育中口语交际教学的类型

（一）独白型口语交际教学

1. 独白型口语交际教学的认知

小学语文独白型口语交际指独自进行较长而连贯的言语活动，听众与说话者没有直接的言语交流，一般通过表情、气氛回应。独白型口语交际教学内容包括介绍。例如，自我介绍、介绍朋友宾客、介绍家庭、介绍家乡、介绍一张照片、介绍一个民族、介绍一座城市、介绍一处名胜古迹或世界名城、介绍一种动物；包括陈述，如说说个人的观点、说说自己的奇思妙想、说说自己的愿望、说读后感观后感、说经验谈教训、说目击情况、发布小新闻；包括演绎，如说笑话、说故事、说相声、说广告、朗诵诗文。

小学语文独白型口语交际的主要特点在于说话者扮演着交际的主体角色。通常而言，口语交际的目标已经在事前确定，目的明确。交际的内容相对单一且独立，结构较为严谨和完整，如自我介绍是一个典型的例子。自我介绍的目的在于让他人了解说话者，因此交际的内容集中在"我"自身，通常不涉及与"我"无关的内容。自我介绍通常包含开场白，然后分几个方面介绍"我"的个性、特点、爱好等，最后以一个合适的结束语来结束。整体结构相对严谨，组织有序。

2. 独白型口语交际教学的训练

因为独白型口语交际重点关注信息的输出与传递，此种交际类型的目标就是通过陈述事实说明道理，使对方明白并理解交谈内容的重要性。因此，独白型口语交际对交际双方的表述能力提出了很高的要求。在交际过程中，

既要保证交际内容准确，又要防止出现科学上的失误，更要注重交际内容的层次性和条理性，选择的交际素材能够体现口语交际的表达主题。具体而言，独白型口语交际的教学训练，应该注意以下要点：

（1）确定主题。口语交际中的语言表达与内容的多少无关，与辞藻的华丽程度无关，而是需要按照特定的话题选择合适的表达方式。若不以话题为中心进行口语交际，则会使听众产生一种似是而非的错觉，无法接收到正确而有效的信息。所以，要使交际对方听得清楚，听得明白，就要做到"意"在"言"之前，不要随意地信口开河，更不要频繁地改变话题。在进行口语交际的过程中，应先确定一个话题，再以话题为中心展开交流。例如，向同学们作自我简介，可以使他们清楚地知道，口语交际的话题应该是"介绍自己"，应该挑选与自己相关的内容作陈述，这样才能让对方更快地认识自己，而不是介绍与此毫无相关性的内容。

（2）明确对象。在小学语文独白型口语交际教学中，教师的指导应该着重培养学生的对象意识。学生需要学会根据不同的年龄、身份、职业等条件，灵活运用各种表达方式，并根据具体的交际场合和目的，选择合适的语言形式。例如，假设学生要进行一场选举演讲，就需要留意到不同听众群体（如同学、老师、家长）对演讲内容的接受程度。鉴于选举环境的严肃性，演讲者应该采用严谨、规范的表达方式，运用声情并茂的语言，以此给听众带来成熟稳重的印象。

（3）选择内容。在进行独白型口语交际教学时，小学语文教师必须注意讲解应该切入主题，能够有力地说明、突出和烘托主题，对于不合适的教学材料要主动地选择舍弃。此外，教师选择的教学内容，在表现形式方面要具有代表性，要主动选取特色鲜明的素材。教师使用的教学材料可以用大量的资料阐述题目，没有必要、也不可能全部传达清楚。因此，教师要指导学生学会去粗取精、去伪存真。

（4）谋划结构。在独白型口语交际教学过程中，为了增加表达内容的条理性，在口语交际前应该合理设计语言的表达结构。总体而言，事件有发生、发展和结束阶段，问题有提出、分析和解决过程，人物有具体的成长经历和变化过程，场景有分布格局和空间位置，根据这些要素可以妥善谋划语言表达的结构与布局。

（二）对话型口语交际教学

1. 对话型口语交际教学的认知

对话型口语交际是由两个或两个以上的人参与的、双向性或多向性的、以口语为载体的信息交流活动，也是人际使用最广泛、最直接、最灵活、最简便的言语交往形式。对话型口语交际以对话为主要方式，包括道歉、做客、祝贺、待客、转述、劝阻、商量、请教、赞美、批评、安慰、解释、采访、辩论、借物、购物、指路、问路、看病、打电话、邀请等。

对话型口语交际是一种常见的交流与互动方式。在这种交际类型中，参与谈话的人不仅需要仔细聆听对方的讲话内容，还要根据现实环境表达自己的观点并作出回应。因此，对话型口语交际中，交流双方通常都是交际的主体。在大多数情况下，对话型口语交际需要事先设定交流目标。然而，交流过程中常常出现难以预料的不稳定因素，这就需要根据实际情况及时调整对话内容。对话型口语交际的话题丰富多彩，灵活多变。交流内容既可以围绕一个话题深入探讨，也可以自由地转移话题。对话型口语交际要求听说相辅相成，理解对方讲话意图，并能合理表达自己的观点。由于对话是近距离面对面的交流方式，口语交际的使用可以增加交流的自然和亲和力。

2. 对话型口语交际教学的训练

（1）讲究对象。在对话型口语交际中，人们会遇到不同年龄、不同职业、不同身份、不同性格的人，从而产生一种很强的目标感，并根据不同的目标群体，进行有针对性的语言表达，从而达到预期的交流结果。若不考虑与人交往的真实状况，很容易闹笑话，甚至惹得另一方不满，造成沟通困难或者交际中断。

（2）讲究场合。在小学语文口语交际教学中，不论是独白型口语交际还是对话型口语交际，都应该特别关注交际对象和交际场合，以确保达到适合具体情况的交际目的。根据交际场合的特点，口语交际可以分为正式和非正式两种类型；而根据具体情境，则可细分为喜庆、紧张、悲痛等不同场合。在进行对话型口语交际时，应当灵活运用不同的交际方式，并合理组织交际语言，以适应特定情况。若忽视了交际场合的重要性，盲目进行口语交际，可能导致难以达成交际目标，甚至适得其反，引发不必要的误会。

（3）讲究配合。对话型口语交际是一种双向的信息沟通行为。在言语交际中，交际双方既是交际对象也是交际主体。因此，交际双方配合的默契程度是决定交际持续时间和交际成功与否的重要保证。在交际过程中，交际双方必须具备角色意识，能够根据话题进展不断地调整自身定位，既要做到认真倾听，也要做到对答如流。假如插话的行为过于随意，或者多次打断对方的思路，只顾自圆其说而不顾对方感受，甚至不给对方任何张口说话的机会，都会对交际质量造成严重的影响。

（4）讲究礼貌。在对话型口语交际中，由于交际过程的维持需要交际双方使用口语去表达。因此，交际双方更应该注重文明用语、互相尊敬、讲究礼貌。交际礼貌是对话型口语交际教学的重要内容。对话型口语交际应该坚持"以礼貌待人、交谈自然大方、尊重并理解对方、注重言语的美感、抵制不文明的言语"等原则，并进一步意识到讲究礼貌、氛围营造的重要性。

（5）讲究策略。在对话型口语交际中，由于交际双方处在特定的时空环境和人物关系中，为了增进交际行为的有效性，必须注意交际策略的运用。根据交际内容，确定陈述、说理与争辩的时机，以及可以适当展开的话题，进而确定交际策略的风格，如直接明了、委婉含蓄、幽默风趣或严肃正经，以期达到最佳的交际效果。在交际过程中灵活运用话题转换策略，能够有效提升交际对象的谈话兴趣，同时缓解紧张的气氛与场面。

（三）表演型口语交际教学

1. 表演型口语交际教学的认知

童话剧表演、戏剧表演、课本剧表演、主持节目、公开演讲等，都是表演型口语交际的主要教学内容。表演型口语交际是一种具有语言综合实践能力的交流形式。表演型口语交际与日常生活中的口语交际不同。表演型口语交际不仅担负着"口语交际"的重任，而且具有促进学生整体能力提升的作用。以课本剧表演为例，表演型口语交际的教学认知需要完成以下三个步骤：首先，将课本内容改编为简单的剧本形式，并借此提高学生的写作技能；其次，布置好课本剧的表演环境，并借此提高学生的审美水平；最后，在课本剧的表演过程中，合理运用独白叙述、会话沟通等手段，可以丰富交际过程的内容与形式，并充分反映口语交际的综合特征。

2. 表演型口语交际教学的训练

（1）注重交际前的准备。表演型口语交际是一种综合性的交流形式，要求学生不仅具备口语表达能力，还需要具备写作和表演方面的能力。因此，为了能够将这些能力有机地结合起来，学生需要足够的准备时间。在进行表演型口语交际教学时，教师应提前布置任务并明确交流要求，让学生通过多种途径收集所需资料，组织交流内容，并进行排练。只有在课前作好充分准备，学生才能充满信心地进行表演。

（2）注重个性化交际。表演型口语交际留给学生的空间更为开阔，学生交际的方式更为多样。教学时，教师不能只设计简单划一的口语交际目标，更不能用同样的标准去衡量富有差异、充满个性的学生。表演型口语交际教学应当成为一个更自由、更开放、更具个性化的舞台，让学生在演一演、做一做、听一听、品一品、看一看等生动有趣的活动中展现个性化口语交际的过程。

四、小学语文教育中口语交际教学的策略

教学策略是指在教学活动中，根据教学的主观与客观情况，尤其是学生的现实情况，从教学组织、教学方法、教学媒介等方面全面思考，完成特定教学目标的过程。在口语交际教学活动中，运用恰当的教学策略，可以有效提高教学效果，从而进一步提升学生的口语交际水平。总体而言，小学语文口语交际教学策略主要包括以下方面的内容：

（一）态度习惯培养的策略

小学语文教育中口语交际教学的态度习惯培养策略涉及多个方面，对学生的交际态度和习惯进行塑造。语文课程标准明确了口语交际的教学目标，特别强调了学生在交际中的态度和价值取向。尽管这些因素并非口语交际的核心要素，但却对交际效果和学生语文素养的形成产生着重要影响。

第一，良好的倾听习惯是必要的。学生需要学会全神贯注地倾听，注意力不能分散。在交流中，适度地参与互动也是重要的，学生应该学会在合适的时机适度地插话，保持交流的和谐与愉快。同时，尊重和理解对方也是重要的交际态度。

第二，文明的言语要求也是关键。学生应该习惯使用普通话，并且要使用礼貌用语。礼貌用语不仅是社会文明的表现，也直接反映了个人素养和语言修养。恰当地使用礼貌用语能够营造出一种积极、和谐的交流氛围，赢得他人的理解和尊重。

第三，得体的体态语也是重要的。体态语包括面部表情、手势和身姿语等，在口语交际中起着辅助交流的作用。面部表情丰富多彩，能够传递丰富的情感，而适当的手势和姿势也能够增强交流的生动性和表现力。因此，学生需要学会在口语交际中合理运用体态语，使交流更加生动自然。

（二）情境创设教学的策略

学生要想真正了解所学的知识，熟知事物的本质、规律和内在联系，最好的方法就是亲自感受并体验实际生活，这是构建主义理论持有的主要观点。在小学语文传统的教学过程中，人们通常会把一些从现实生活中提炼出来的普通的知识和技巧放在人造的环境里，而不是身处自然情景中学习抽象的知识理论与技能，由此学到的知识很容易被忘记，或者仅仅停留在学生的脑海中，当学生离开教室进入实践环境中时，能够记住并应用的知识寥寥无几。由于学习过程中的环境、目的和任务不同，要想让学生掌握并运用所学的知识，就需要让学生在相对真实的环境中学习理论知识，从而达到认识和实践相统一的目的。建构主义理论为口语交际教学提供了有益的启示。口语交际作为一种实用性极强的交流方式，要求学生能够在特定的情境下积极参与，从实践中培养口头交流的能力。缺乏特定情境的支持，交流活动就无法真正实现，也就无法进行双向的有效互动。因此，创设适宜的情境对于培养学生的口语交际技能至关重要。在小学语文课堂中开展口语交际教学活动时，必须优先考虑创设具体的交际情境。

1. 运用多种方式创设相关情境

（1）用生动形象的语言描绘情境。教师使用具有说服力的语言为学生营造充满活力的情境，能使学生积极融入角色，形成情感共鸣，在言之有序、言之有物的基础上，做到言之有理、言之有情。

（2）用直观具体的图片创设情境。小学生的智力发展需要依赖于观察具体事物以加深理解。运用生动形象的实物和图片，能够激发学生的兴趣，帮助他们仔细观察不同物体之间的差异，从而培养他们的思维和观察能力，提高口语交际的准确性和条理性。

（3）用丰富多彩的手段点缀情境。以多媒体技术为代表的教学手段，可以集声音与影像于一身，借助影像与声音营造出栩栩如生的画面，带给小学生视觉与听觉的震撼，使学生产生身临其境的感受。使用丰富多彩的多媒体手段点缀情境，不仅能够提高学生的口语交际能力，而且有助于学生正确地理解、分析、判断、选取并使用信息。

（4）用贴近生活的表演走进情境。爱表现是小学生的天性。在相对真实的表演情境中，学生能够做到情感的自然流露，并产生强烈的交流愿望。所以，在教学过程中，教师要根据实际情况，选用学生熟悉并且喜爱的语言表达方式，鼓励学生一边表演一边进行口语交际。例如，学生在进行游戏活动时可以积极展开口语交流，教师可将日常生活中的具体场景与情境融入教学内容，以此鼓励学生参与表演。同时，教师还可将课文材料改编为生动的情景剧形式，从而改变口语交际的呈现方式。只要内容符合学生的年龄特点，且具有激发学生表达意愿的潜力，均可通过表演手段创设适宜的口语交际情景。

（5）用趣味盎然的活动组织情境。充满趣味性的活动能够增进口语交际的活泼与生动程度，从而激发学生的交际热情与创造能力。在教学活动中，教师可以通过调动学生的感觉器官，鼓励学生使用动手、动脑、动口等方式，参与自然、深刻的口语交际活动。由于合作教学是组织教学活动的必然要求，通过参与有趣的拼图游戏，学生不仅提高了自身的交际能力，而且养成了合作意识与协作精神，这对于培养学生口语交际的综合素养，无疑具有十分重要的现实意义。

2. 依据不同类型创设相关情境

（1）模拟真实情境。创设合适的口语交际情境可以使学生产生浓厚的学习兴趣与交际意愿。所以，在教学过程中，教师应该借助图片、音乐、场景、录像等手段，创造平等和谐、自由合作的氛围，使学生置身于真实的交际情境中，从而使学生能够更好地融入角色中。

（2）提供典型案例。案例本身即为相对真实的口语交际情境。通过提供典型案例供学生发现、交流与讨论，不仅可以帮助学生形成独特的见解，而且可以在此基础上培养学生的口语交际能力。学生在分析案例、表达观点的过程中，逐渐培养了勇气并习得了表达自己观点的能力，同时也养成了尊重、理解他人的良好习惯，以及文明有礼的交际行为。

（3）创设问题情境。问题情境是指充分利用学生的求知欲与好奇心，在新旧知识的结合点，创设饶有趣味、富有新意的情境，制造教学内容与学生心理的人为冲突，从而激发学生的学习动机。问题既是激发学生探求未知的动力，也是牵引学生学习的主力。问题情境是促使学生积极主动进行探究与学习的前提。

（三）兴趣激发教学的策略

兴趣是个体认知事物或参与活动的心理取向，即个体对选择产生的积极的情感回应。兴趣是认知参与的重要推动力，是促使个体寻求知识或者参与活动的精神力量。小学语文教育中，其课程在培养学生的好奇心和求知欲的基础上，还应该重点培养学生的积极主动性和综合素质。所以，在小学语文口语交际教学活动中，教师应该充分激发学生的交际兴趣，鼓励学生积极主动地参与人际交流与社会交往活动。

1. 口语交际氛围和谐，鼓励成功

教学氛围的营造主要涉及两个方面：一是物质环境，二是心理环境。物质环境方面的气氛是指课堂气氛和学生的课余活动气氛。为了激发学生的口头交流兴趣，营造和谐的交际氛围显得尤为重要。在课堂上，学生进行口头交际的频次很高，教师可以围绕具体的交际主题，适当地调整课堂气氛。当然，口语交际并不限于课堂，教师应该鼓励学生走出校园，走进企业、社区与街道，奔向田野、农场和果园，主动地进行口语交际。心理环境是一种影响群体集体精神、群体价值和个人精神的社会情绪环境。在教室里，教师真诚的心、浓浓的爱、深厚的情感、亲切的话语、和蔼可亲的微笑等，都能产生巨大的感染力，从而营造出和谐愉快的氛围，助推课堂教学取得理想的效果。

2. 口语交际话题有趣，要求适当

口语交际话题要符合学生的年龄特征，重点激发学生的学习兴趣。例如，重现学生熟悉的生活和学习场景，为学生提供社会热点和时事新闻服务，选取学生感兴趣的电影和电视节目，倾听学生的内心诉求，为提高学生的实践能力设置理想的活动环境。口语交际话题必须与学生的认知层次相适应，不能仅限于甚至低于目前的发展水平，否则，很难激发学生的口语交际兴趣与参与热情。当然，口语交际话题也不能脱离学生的发展层次与发展水平，不然将使学生在面对高强度的学习压力时产生恐惧和畏难心理。

3. 口语交际内容丰富，形式多样

小学生兴趣的稳定性和持久性相对比较差，因此教师应当通过丰富的内容、多样的形式来激发学生口语交际的兴趣。活动的设计要贴近生活，富有儿童气息，采用的形式要为学生所喜闻乐见。例如，观看录像、角色模拟、悬念设计、猜测假想、小品表演、故事续编、讲述见闻、作品展览、评比竞赛、实践运用，让学生在"玩一玩，说一说""画一画，说一说""做一做，说一说""演一演，说一说"中，形成浓厚的交际兴趣。

第四节　小学语文教育中的写作教学

一、小学语文教育中的写话教学

（一）小学语文教育中写话教学的认知

"写话是用文字记录自己心头所想，口头所讲的行为，是把口头言语转化成书面语言的过程；写话训练是一种集习字、语法、口语交际、写作于一体

的综合练习，是低年级小学生进行作文启蒙的途径"①。小学语文教育中写话教学作为小学语文作文教学的第一阶段。小学语文写话教学的目的是要让学生对写话有兴趣，留心周围事物，写自己想说的话，写想象中的事物；在写话中乐于运用阅读和生活中学到的词语；根据表达的需要，学习使用逗号、句号、问号、感叹号等。

对于小学阶段的学生而言，要每天说"话"，但是需要把"话"写下来的时候，大部分都会有一种没有话可讲的感觉。事实上，小学阶段的学生的精神世界非常丰富多彩，他们与生俱来就是个想象家。小学生具备的儿童语言是其他所有年龄的人都没有的财富，只不过小学生还不知道应该如何在书面上表达。因此，教师在小学语文教学初级阶段应将引导学生学习语文视为首要任务，着重教导学生如何表达内心所想。教师应确保学生明白，在与不同人交往时，每个人都有独特的内心感受和想法。将这些想法书写出来，意味着将内心真实的想法表达出来。学生想要表达得越多，写下来的内容也就愈丰富；反之，则表明内心的想法较少，此时并不需要强迫自己写下不愿意表达的内容。小学生不应该被迫完成大人布置的任务或者取悦大人而学着大人的说话方式，或者被迫将自己不愿意表达的内容写下来。

目前，小学语文的写话教学中非常重要的任务就是把孩子们的写话兴趣激发出来，教师在培养学生的时候，应该充分参考小学阶段学生的心理特征，这样才能有更好的效果。小学阶段的写话兴趣有两种，即间接兴趣和直接兴趣，间接兴趣指的是小学生因为学习而产生的对外部因素的兴趣，例如，老师的夸奖，家人的鼓励以及同学们的崇拜等；直接兴趣是小学生因写话这件事而引起的兴趣度，例如，学生能把自己想说的话写下来、能展开无穷而大胆的想象等，直接兴趣和间接兴趣带来的力量都非常强大。

小学阶段的学生们的认知水平非常低，相比学习内容而言，更喜欢学习的外在形式。通常而言，小学生更喜欢实际的活动与具体的事实，只有到了

---

① 赵凌澜. 小学语文写话教学研究 [D]. 桂林：广西师范大学，2017：3.

小学的中年级才会慢慢开始喜欢事物之间的抽象知识与关系。所以，多种多样的教学内容与形式，尤其是那些能激发学生兴趣的、与儿童现有经验相符合的内容与形式，更容易把学生的兴趣度和新鲜感激发出来，从而让学生爱上写话和写话课程。

之所以提出写话这一概念，一方面是为了让学生学习起来更容易；另一方面是为了把学生对于写作的情感有意地培养起来，把学生对于写作的兴趣和自信提升起来。对于一年级的孩子们而言，只要把一个句子写通顺和完整，就是很棒的。对于二年级的孩子们而言，只要能写出了几个连贯、通顺的句子就是很成功的。此外，教师把学生的写话兴趣激发出来的很重要的方式就是，激发出学生写话时获得的成就感。教师应该努力对学生进行正面的评价，激励学生写话。

在课堂上，教师应该注重阅读那些取得显著进步并写作优秀的写话作品，以激励学生的学习积极性。教师还应该鼓励学生经常将自己的写话作品带回家，与家人分享阅读。此外，教师还应该利用班级网络平台展示学生的写话作品，以提高学生的写作积极性。教师应当及时表扬学生在写作中取得的细微进步，例如，某位学生准确地掌握了标点符号的使用或运用了精美的词语。同时，教师还应该鼓励学生向同学们朗读自己优美的语句。这样的教学做法不仅为学生提供了多样化的写作机会，营造了积极的写作氛围，还培养和保护了学生的写作自信心，从而激发了他们对写作活动的兴趣。

（二）小学语文教育中写话教学的策略

在写话教学的实践过程中恰当地运用恰当的写话教学策略是提高小学语文写话教学效率的关键要素之一。小学语文写话教学策略主要包括以下内容：

第一，创设写话情境策略。教师若想带领学生迅速进入写话状态，可以创设出充满趣味性的写作情境，从而把学生表达的愿望和写作的需求激发出来，指引学生能尽情地发挥自己的想象力。教师创设写作情境时，应该参考教师自己的优势与特点、写话的教学目的以及第一学段小学生的心理特点等，选择合适的写话情境。当对象是一年级和二年级的小学生时，教师应该充分考虑他们对生活经验的缺乏性以及直观性思维，从而选择趣味和直观性较强及贴近学生生活的情境。由于课堂形式未能吸引低年级学生的兴趣，导致学生注意力不集中，教师应定期改变情境，采用多种方法，如实践活动、优美的音乐和有趣的图画等，以提高学生的参与度和专注力。

第二，讲解分析范例策略。教师若想让学生学好规范的书面表达，培养学生用通畅的书面语言把自己的情感表达出来的能力，除了要让学生大量地接触和阅读好的书面语言资料，自己还要不断地讲解和分析例子，让学生模仿与学习例子，从而让学生在造句时学会用新的词语与句型去把自己的情感表达出来。教师选择的例子既可以是书上的句子，也可以是学生造的优美句子，还可以是生活中的事例。教师在选择例子时应考虑到学生的注意力较低和记忆力较差等因素，因此应尽量选择最基本的句型和词语，尤其是那些常见且易于理解的句子。随着学生年级的增长，教师可以逐渐选用更复杂的例子，从简单句逐步过渡到复合句。同时，教师的讲解过程也应被视为与学生沟通的过程。考虑到低年级学生的注意力和理解能力较弱，他们可能不容易理解教师的讲解，因此在举例时应减少讲解的内容。教师应首先与学生共同感受例子，然后引导学生根据例子进行书面或口头表达。通过这种方式，学生能够迅速理解并掌握书面表达的方法。

第三，读说写一体化的策略。为了把阅读的教学效果巩固好，提高学生写话的练习量，从而更好地训练学生的言语表达，语文教师可以使用口语、阅读、写话等综合的训练方法。读说写一体化常见的方法有三种：① 对于训练学生进行书面表达而言，课本上的选文是最好的例子，学生先阅读选文，对选文中的素材有更深入的理解后，教师可以选取符合学生学习的重点词汇和句型让学生学着练习；② 如果选文是童话或者儿童诗，而且趣味性比较强，教师参考学生的现实情况让学生续写或者仿写；③ 教师还能找出选文中有趣的点，让学生分小组展开交流，再让学生把他们各自的口语表达成果记录下来。当然，教师在设计写话练习和口语表达活动时，应该充分考虑到学生的现实情况以及选文的内容。

二、小学语文教育中的习作教学

（一）小学语文教育中习作教学的认知

认识习作教学，先让我们共同理解"习作"这个词语。"习作"一词，由"习"字和"作"字共同组成，"习作"我们可以理解为在反复练习中学习创作。而"习作教学"，教师在教学活动中通过多种形式的语文训练，帮助学生在反复接触与练习中形成创作技能的一项重要的教学任务。"习作"，强调了一个"习"字。"习"是一个反反复复的过程，不是一蹴而就的，而是一个相当漫长的过程。在小学语文教学活动中，一定要遵循学生的生活实践，将语文训练与习作教学相结合，本着循序渐进的原则，扎扎实实，一步一个脚印地进行，进而形成学生扎实的习作基础，帮助学生形成良好的习作能力。

第一，小学语文习作教学应以培养学生的兴趣和自信心为重点，使他们对写作充满热情并乐于表达。在设定习作初期的目标时，教师应致力于激发学生的写作兴趣，使他们从"我应该写"转变为"我想写"。重点在于鼓励学生将内心所思、口中所述转化为文字，以此消除写作的神秘感和抵触情绪。即使学生没有明确的"作文"意识，也不要紧，最重要的是让他们享受写作过程，敢于表达自己的想法。

第二，小学语文习作教学应以个性和创新为特点，激励学生展现独特风采。作为书面语言表达的一种重要形式，习作不仅是认识自我的过程，也是展示创造力的机会。教师应鼓励学生尽情表达，消除各种可能阻碍写作的障碍，促进学生的创新思维。在写作过程中，学生应用各种方式记录自己的想法、感受和所见所闻，着重表达那些触动内心或新奇有趣的事物。写作教学注重创新与个性表达，但并非支持无理想的胡思乱想。学生应以丰富的经验、多角度的观察和多彩的生活为基础，抓住事物的独特之处，展现创新和个性。

第三，小学语文习作教学应贴近生活，引导实践。语文教师应引导学生走出课堂，从日常生活中汲取写作素材，通过实践掌握写作技巧。习作教学应与学生实际生活相结合，激发学生的写作热情，教师应指导学生关注社会、现实，真诚表达自己的情感。教师在指导学生利用阅读、讨论、思考、调查和观察等方式收集生活素材时，应给予积极评价。只有引导学生关注社会、自然、学校和家庭生活，耐心积累生活经验和知识，写作才能变得轻松自如。除了思想、生活、语言和知识方面的积累，还需注重生活的感悟和体验。

第四，小学语文写作教学应强化基础，促进读写交流。教师应让学生轻松开展写作，激发他们的表达兴趣和创造力。学生在写作时应运用自己平日积累的语言素材，尤其是那些令人耳目一新的词语和句子。他们应根据写作内容的需要进行段落分隔，并灵活运用联想和想象，丰富表达的内容。同时，他们应根据文章内在的联系和个人的合理想象，进行扩展和续写。夯实基础主要指语言能力（包括字、词、句、段、篇的基本功），这是语文素养和写作创新能力的基石，也是写作教学的核心内容，需与思维能力同步发展。

第五，小学语文写作教学应注重合作与分享，促进共同进步。语文教师已将合作分享理念融入习作教学中，鼓励学生乐于向他人展示自己的写作，分享创作的喜悦，并愿意接受他人的修改建议。重视引导学生在自我修改和相互修改中提升写作能力，通过互相学习与交流，不断完善文章。合作分享不仅是一种写作方式，也是激励学生进步的动力；学生在分享中合作、在合作中分享，有助于创造出理想的写作教学氛围。

（二）小学语文教育中习作教学的策略

小学语文教师不仅要正确解读、全面把握习作教学理念，还要努力将这些理念变成习作教学行为。这就需要探索创新习作教学的基本策略，以增强教学的针对性、指导的实效性。基本指导策略，是指反映习作教学规律、具有普遍指导意义的策略及方式方法。探索创新习作教学基本指导策略的主要目标是解决学生"乐于写"（兴趣）、"有写的"（积累）、"写得来"（方法）等问题。

1. 指导学生"乐于写"策略

（1）情境模拟法。小学语文教师在指导习作的过程，要充分激发学生的创作热情、调动学生的表达欲望。为达到此目的，教师可以尝试为学生创设模拟的情境，引导学生身临其境，在轻松的氛围中，让学生以当事人的视角，主动习作、表达内容。

（2）情绪激励法。情绪激励法是一种教学策略，旨在激发小学生对习作的积极情绪和动力。然而，一些教师在此方面存在误区，常常采用成年人的视角，试图通过"讲道理"等方式来激发学生的习作兴趣，这种方法往往效果有限，因为小学生的情感和思考方式与成年人有所不同，他们对于成人视角下的价值观和社会意义缺乏深刻理解。因此，以社会认同、物质奖励为导向的激励很难引起学生的共鸣。相比之下，教师的肯定、认同、赞美和小红花等形式的奖励更能激发小学生的习作兴趣和积极性。因此，教师应该采取情绪上的有效激励，与学生建立共鸣，从而真正激发他们对习作的兴趣，并促进其创作能力的发展。

（3）开放拟题法。开放拟题法是一种习作指导策略，旨在激发小学生的创作兴趣和主动性。通常情况下，习作指导以教师命题的方式进行，模拟应试习作，这对于小学生而言具有重要意义，因为习作是他们表达情感、思想的途径之一，同时也是为了备战考试。然而，对于素材匮乏、兴趣不稳定、经验不足的小学生而言，过早地进行命题练习可能导致他们因缺乏真实感受而产生写作困难，甚至对写作产生厌恶情绪。一个缺乏表达欲望的学生很难写出优秀的作品。因此，在习作的初期阶段，教师可以采用"先松后紧"的开放拟题法，鼓励学生通过阅读、体验生活来积累素材和经验，然后根据所积累的素材自主拟定题目，将真实感受和体验进行表达。值得注意的是，开放拟题法并非简单地让学生随心所欲地确定题目，教师需要结合考试题目的主题特点和关键词，提供相关素材和指导，引导学生积累知识、思考问题，从而激发他们的创作激情和主动性。

（4）交互习作法。交互习作法是一种促进学生共同进步的方法。在小学语文写作过程中，引入学生集体或相互交流的环节，通过分享和讨论激发"头脑风暴"，让每位学生从中汲取更多的灵感，促进思维碰撞和交流。这种方法不仅让学生在自我表达的同时受益，也鼓励他们从彼此的经验和见解中学习，形成更广泛的视野和深入的理解。通过交互习作法，学生可以更好地理解自己的写作，并从集体智慧中汲取更多的创作灵感，从而提高写作水平和思维能力。

（5）赏识教育法。在学习中体会成功、在习作中得到鼓励是帮助学生奠定习作基础、培养习作兴趣的一大法宝，一些具体的做法有利于让学生在习作过程收获成就感。例如，小学语文教师可以尝试以"粉丝"的身份去阅读作品，将评改内容改为赏析性用语，从批评指正到表扬肯定，以激发学生继续习作为首要目的。此外，还可以定期举办作品交流活动，例如装订传阅作品集、开展作品朗诵班会等。几乎所有文章的创作都是为了传播，在作品交流的过程中，把自己的智慧成果读给同学、展示给家长，既能帮助学生以新的视角重新审视自己的作品、达到温故而知新的效果，还能在品读其他人作品的同时取长补短，交互所带来的成功喜悦也有利于增强习作兴趣。

2. 指导学生"有的写"策略

学生要写出好习作，应当有丰富多彩的素材，教师需要指导学生积累习作素材，帮助他们建立一个属于自己的习作材料库。在小学语文习作教学中，要引导学生广泛阅读，帮助学生积累语言材料，开拓写作思路。可以为学生的阅读提供丰富的源泉，倡导在学生中推行绿色海量阅读，依据绿色海量阅读的群体行为特点，带动整个班级阅读。教师及时、随机检测阅读成效，通过设置特定的教学环节，例如，课前三分钟等方式，将课外的阅读与课堂教学，包括阅读教学和写作教学无缝结合起来，充分发挥阅读积累这一写作基础的功能，帮助学生拓宽视野，积累写作材料。教师可以运用以下方法指导学生：

（1）观察积累法。学生们身处的生活充满了丰富的写作素材，然而，他们可能缺乏发现和整理这些素材的意识和方法。教师在此起到了至关重要的引导和示范作用，教师应该充分激发学生对周围事物的好奇心，并以身作则传递热爱生活的积极态度。通过引导和示范，教师可以教会学生如何观察和积累生活中的点滴，然后将所观察到的、所思考的内容融入他们的写作中。这种方式可以帮助学生培养敏锐的观察力和积极的思维，使他们的写作更加生动和丰富。

（2）活动积累法。在掌握了观察积累的方法后，教师还要充分结合学生的年龄特征，组织开展喜闻乐见的特色活动，为学生积累真实、生动的习作素材提供平台。小学阶段，激发学生兴趣的主流手段包括社会实践、动手实验、游戏互动等，在充实丰富学生童年美好记忆的同时，让学生在老师的引导下，将活动体验、收获进一步升华提升，转化为属于自己的习作素材库。一改照抄照搬、胡编乱想，掌握富有生机和灵魂的素材习作，才能让学生在习作时不再无话可说，有感而发的作品也更能展示出独有的特征和魅力。

（3）阅读积累法。阅读无疑学生高效积累写作素材的主要途径。阅读不仅可以拓宽学生的视野，增加他们的知识储备，而且还能借鉴前人的智慧，激发学生的思维，为写作提供更多的灵感和切入点。除了学会观察和开展活动外，教师应该着重培养学生的阅读习惯，通过阅读间接地积累写作素材。

3. 指导学生"写得来"策略

学习习作的目的是能"写得来"进而"写得好"，所以在学生积累了一定素材库后，教师就要传授基本的习作能力，学会如何将素材加工形成完整的作品。任何习作能力的提升都必须依靠大量的实践练习，从选材拟题到谋篇布局，从捋顺语义到考究用词，在不断思考、创作、修改、再创作的循环实践中，领悟习作的技巧、培养基本的能力。引导小学生进行习作实践的主要策略方法如下：

（1）突出重点法。习作能力是综合能力的体现，需要多方位、多层次的长期修炼才能有所提升。因此在教学过程中小学教师要统筹规划学生习作能力体系建设"时间表"，制定每个学段、每个学年、每个学期的重点学习目标，阶梯式逐步提升整体习作能力。

（2）系列练笔法。小学语文习作教学的系列练笔法是一种根据不同的教学目标，将习作训练划分为不同系列的方法。通过这种方法，教师可以更好地结合实际情况，为学生提供更有针对性的写作指导，从而使他们的创作兴趣更浓，写作能力得到更有效的提升。

第一，系列练笔法可以根据不同的写作类型来划分。在每个系列中，学生将有机会针对特定类型的写作展开训练，从而更好地掌握该类型写作的技巧和特点。

第二，系列练笔法也可以根据写作难度和复杂程度来划分。教师可以设置不同级别的系列，例如，初级写作系列、中级写作系列、高级写作系列等。通过逐级递进的训练，学生可以逐渐提升写作水平，从简单到复杂，逐步攀登写作技能的高峰。

第三，系列练笔法还可以根据学生的个性特点和需求来划分。教师可以根据学生的兴趣爱好、写作能力、知识水平等因素，设计不同的系列练习，以满足每个学生的学习需求和发展潜力。

（3）仿中学写法。模仿是儿童的本能与特长，也是习作启蒙阶段的重要手段。在习作教学的过程要充分利用好"相似迁移"这条捷径，为学生提供大量的优秀范文，学习文章框架搭建，学习美言美句运用，让优秀范文成为自主创作时的模板，引导学生在模仿活动的过程学会取长补短，以临摹优秀作品滋养更好的自主创作。范文可以不局限于教材，教师可以有针对性地选择课外读物，甚至是身边教师、班上同学的优秀习作，因为"身边的榜样"更感亲切，让学生更乐于学习。

（4）情境自悟法。小学语文习作教学的情境自悟法是一种通过设定特定情境，激发学生自主表达心得感悟和思考的教学方法。在这种方法中，教师

会根据不同的情境设置具体的写作任务，让学生在情境中自由发挥，表达自己的想法和感受。这种方法不仅是对学生写作水平的一种考验，也是培养学生应试能力的重要途径。

第一，小学语文习作教学情境自悟法强调了写作与现实生活的联系。通过设置各种生活情境，如校园活动、家庭场景、社会事件等，教师可以帮助学生将所学知识与实际情境相结合，激发学生对生活的思考和感悟。例如，教师可以设定一个假期旅行的情境，要求学生以游记的形式记录自己的旅行见闻和感受，从而培养学生的观察力和表达能力。

第二，小学语文习作教学情境自悟法注重了学生的主体性和创造性。在这种教学方法中，学生被鼓励自由发挥想象力和创造力，表达出自己独特的见解和感受。教师不仅要提供丰富多样的情境，还要引导学生深入思考，并给予充分的表达空间。这样可以激发学生的学习兴趣，提高他们的写作积极性和创造力。

第三，小学语文习作教学情境自悟法促进了学生的应试能力培养。在实际的应试环境中，考题往往会以特定的情境为背景，要求学生进行写作表达。通过在日常教学中采用情境自悟法，教师可以帮助学生熟悉并适应这种写作方式，提高他们在考试中的应对能力和表达水平。

（5）命题促写法。习作命题的设定，要充分把握"发展性教学"原则，在适当的难度范围刺激创作。难度过高，会导致学生无法驾驭已有的素材，或是过于简单，让学生不需要动脑就能轻松加工完成，都起不到习作能力提升和方法技能获取的效果。要利用好信息（学生已有积累）与习作命题平衡的规律，利用好学生心理需求和习作动机，基于学生的信息积累情况，设定合理难度命题，使学生在整合已有信息、发散拓展思维、运用技巧技能后，能够完成创作的训练效果。

此外，小学语文教师还需要抓"小练笔"积累，减缓写作训练的坡度。围绕某一个重点或中心，进行范围小、篇幅短的写作训练就是"小练笔"。"小练笔"是减缓写作训练坡度的阶梯。指导学生小练笔，可先要求学生写摘录式练笔，摘录美文美段、名言警句等，接着进行记叙式练笔，再逐步拓展篇幅，并引申拓展到其他文体的小练笔。教师可以拓宽训练的空间，适当增加习作训练量，教师要开展形式多样的活动，充分挖掘课文中的习作资源，拓宽写作教学和训练的渠道。教师还可以强化创新思维训练，培养学生的创新能力。写作教学中教师要突破思维定式，通过同一题目多角度选材、同一中心多种选材、同一材料多种立意以及同一材料多种体裁等方式训练学生思维的发散性。引导学生进行相关联想，训练学生思维的变通性；充分展示个性，训练学生思维的独特性。

总而言之，小学语文教师应不断探索和构建新的写作教学模式，以提升写作教学的效果。教师需要创建一种开放而充满活力的写作教学新范式，其基本架构包括：营造氛围，激发创新热情，给予学生充分表达的空间；促进交流与合作，点燃创新思维的火花；进行评优激励，激发学生新的创新动机。同时，教师可以根据自身的教学能力和实践经验对新模式进行个性化的调整和完善。因为并不存在一种完美的写作教学模式，只有不断改进的过程，只要新模式有利于提高学生的写作水平，有利于培养学生的创新思维和能力，那就是一个好的教学模式。

第五节　小学语文教育中的综合性学习

"小学语文综合性学习是语文知识与能力的综合体现，反映语文学科的特点，符合学生个人全面发展的需要"[①]。开展综合性学习的意义在于将过去单一、枯燥的文字学习，更多地融入日常生活当中去，在强调学科整合、实施跨学科学习的同时，让学生动脑动手，激发其学习的热情与兴趣，使学生在潜移默化中感受文字的魅力、语言的魅力，在不知不觉中提高学生的语文素质与素养，具体如下：① 加强语文课程内部联系。在组织学生进行综合性学

---

① 黄美敬. 浅谈小学语文综合性学习教学策略［J］. 读与写（上，下旬），2014（18）：76.

习的时候，应加强语文课程内部的联系，如对学生听、说、读、写能力的渗透培养，如对学生质疑和探究能力的培养，如三维目标的落实达成等。② 加强与其他课程的联系。综合性学习的课程设计自然会促进语文学科与其他学科之间的紧密联系。例如，在综合性学习的过程中，将涵盖数学、科学、美术、音乐、体育等多个学科，通过这些学科之间的有机融合，以展现其综合性、实践性和实效性。③ 加强与生活的联系。开展综合性学习，就要将学生学习语文的场所，放置于生活的环境中，让学生感受到生活中处处有语文，语文无处不在。同时，要让学生学习生活中的语文，学会运用所学知识，来解决、处理生活中的问题。④ 促进素养协调发展。在学生进行综合性学习的过程中，要更多地关注于学生个性与共性，学生对语文的学习兴趣、良好的学习习惯以及习得相应的语文学习方法，从而更加有效地促进学生语文素养的协调发展。

一、小学语文教育中综合性学习的理念

第一，突出学生自主。小学语文的综合性学习，事先可由教师指导学生确定好主题，主要的内容及形式主要由学生自行来设计和组织，由学生自己选择确定好组长，然后由组长根据学生的特点等进行分工，根据分工开展好相关活动。整个活动的过程要充分体现学生的自主和全员的参与，要真正做到让学生人人有事做，事事有人做，充分体现学生的自主。

第二，强调学生合作。在综合性学习中，虽然有活动的分工，但更应该重视学生间的相互配合。要特别强调学生的合作，因为活动不是某个学生的个体的行为，应该是团队合作的体现。尤其当学习活动中面对困难和问题的时候，就需要集团队的力量，发挥大家的才智，才能得以实现。

第三，提倡课程整合。小学综合性学习，不仅仅是语文学科的单一形式的呈现，更多的是表现为多渠道、多学科的课程整合。学习活动中，既会有通过听、说、读、写表现的文字的渗透学习，也会有相应的数学、美术、体

育、科学、社会、安全等，更会将学生德育及良好的意志品质、探究能力的培养自然融入其中。因此，综合性学习就是新课程改革过程中多课程整合的体现。

第四，重视能力培养。在进行综合性学习时，应特别注重培养学生的策划、组织、协调和实施能力。从学生活动的起始阶段开始，关注学生主题选择的合理性以及活动过程策划的创新性；在活动进行中，关注学生对活动的组织是否得当，能否协调合作，是否能够有效地实施学习活动；注重引导学生及时总结、反思和提炼经验，在促进学生语文能力全面提升的过程中起到重要作用。

二、小学语文教育中综合性学习的类型

从学生学习生活的环境，以及语文知识、能力的获取途径来划分，小学语文教育中的综合性学习可以分为以下类型：

（一）了解社会型

社会生活广阔天地，是语文学习取之不尽，用之不竭的源泉，我们要善于引导学生从生活中的鲜活事实中有机进行综合活动。例如，节假日来临，学生可根据从各种媒体所获得的当地旅游信息和自己所亲身经历的旅游经验，开展以设计一份《家乡最佳旅游路线》为主题的学习活动，推荐当地的名胜古迹，介绍当地的风俗民情、民间传说，描绘旅游景点，特色餐饮、小吃，新开发游览项目及合理的日程安排意见与建议。

（二）文本拓展型

综合性语文学习是对学生语文课堂学习的延伸，我们的小学语文教材在内容和形式上均呈现出显著的典范特征。在综合性学习中，以课文内容为基础，旨在从文本出发挖掘综合性学习的主题。这些课文内容不仅富含丰富的

知识性，还具有深刻的教育性。这为综合性语文学习的选题提供了广泛而丰富的素材。例如，一年级在教学"打电话"一文后，以"电话"为主题，了解电话的发展史，在不同的场合怎样使用礼貌语言与别人进行交流，怎样正确使用特殊电话号码等。在日常生活中做到合理高效经济地使用电话等。学习了"小猴子下山""狼和小羊"等童话故事，可以让学生练习排练课本剧；学习了"捞铁牛"一课后，组织学生讨论，利用现代科学技术设计捞铁牛的方案等。

（三）家庭生活型

学生的日常生活主要围绕在家庭中与亲人的相处，因此在确定综合性学习主题时，可以选择以家庭生活为主题进行设计。例如，以"我爱我家"为主题，鼓励学生通过绘画、制作小报、写作等多种方式展开综合性实践活动，探讨家庭的位置、房屋结构、家庭成员以及家庭特色等方面，从而促进学生对家庭的情感认同和理解，培养其综合性能力和创造性思维。

（四）走进社区型

社区也是学生生活中不可缺少的场所。在社区生活中，学生既享受到社区生活的丰富，也能从社区生活中去感受社会生活的缩影，在综合性学习中，就可以以社区生活为主题来设计相应的实践活动。例如，以"生活与环境"为主题，开展相关的活动，如发起相应的保护社区环境的倡议书、对居住小区的花草树木进行分类、制作相应爱护花草的标语、开展拾捡垃圾，清洁环境的活动，撰写相应的调查报告等。

（五）亲近自然型

引导学生投身于大自然的怀抱，体验一年四季蓬勃的变化。以春天为例，学生可通过聆听春天的歌声、观察春天的美景，阅读春天的诗歌，绘制春天的风景画，创作春天的儿歌、童谣以及作文等。只要我们贴近学生的生活，善于捕捉生活中的亮点，并在综合性学习中加以设计，就能够激发学生对学习的兴趣和乐趣。

三、小学语文教育中综合性学习的特点

（一）活动性

活动性是综合性学习的一个重要特征，这一特点强调语文学习与生活的紧密联系，活动的范围囊括了学生学习和生活的方方面面。通过参与各类活动，促进学生听、说、读、写等语文能力的综合提升。通过亲身参与各项活动，能够培养学生分析问题、寻找解决方案的能力，发展策划、实施、参与和协调的技能以及团队合作精神。通过这些活动，学生既能掌握知识，又能运用知识。这有助于学生认识到语文无处不在，生活处处涉及语文，引导他们在各个领域中灵活运用语文知识，从而在实践运用中更深刻地喜爱语文学习，实现对语文的更高水平的掌握。

（二）探究性

小学语文教育中的综合性学习具有探究性的显著特点。综合性学习旨在培养学生的主动探究精神、团结合作意识和勇于创新的能力，因此在实施综合性学习时，特别强调探索和研究的过程。这种教学方法强调过程而非结果，重视学生的体验和参与。综合性学习的课程目标往往不是固定的知识或技能的达成度，而是提出一系列学习活动及其要求，重点关注学生的学习过程。学生在探索和研究的过程中，通过自主思考、实践操作和团队合作，逐步积累知识、提升能力，并培养批判性思维和解决问题的能力。因此，综合性学习强调学生的主体性和参与性，促进了学生的全面发展和综合素养的提升。

（三）自主性

综合性学习强调学生主体性，尤其侧重于探索和研究的过程。在实施这种学习方法时，应特别注重学生的自主性。从活动主题的选择和设计到环节的组织与安排，再到小组内任务的分工和在活动中遇到问题的处理，以及学习结果的呈现方式和方法，再到对活动的评价总结，教师都应该充分尊重学生的意愿。教师的角色不是指挥者，而是引导者和点拨者。他们应该在必要时提供适当的指导和建议，但不应过多地干预学生的活动。这样做有助于激发学生的积极性和创造性，让他们更加自主地参与学习过程，从而更好地实现学习目标。通过这种方式，学生能够更好地发挥自己的潜能，培养解决问题的能力和创新精神，从而在综合性学习中取得更大的收获。

（四）开放性

开放性主要体现在综合性学习的生活化，主要表现为学习时间和空间、学习内容的开放。学习时间，从课内向课外开放；学习空间，由学校向自然、社会拓展；学习内容，向书本外开放，既可以就教材中指定内容来开展活动，也可以结合相应的实际情况、在活动中自主选择学习内容；开放性还体现在学习方式以及评价方式的开放性上；学习方式可以自主选择，可以是观察、调查、访问、参观，也可以是讨论、辩论、演讲等。评价方式应可以多样化，可以做观察记录，可以办手抄报，可以运用相应的量表等，评价主体可以是老师，可以是学生，也可以是家长、社会专业人员，既可以自我评价，也可以相互评价。

四、小学语文教育中综合性学习的环节

小学语文教育中，一个完整的小学综合性学习，应包含以下基本环节：
第一，确定主题。正确选题，是综合性学习取得成功的基础。在教学活

动中，我们要注意结合学生的年龄特点，认识能力，兴趣爱好等实际情况引导学生从广泛的生活空间中确定好综合性学习的主题。

第二，明确任务。要通过讨论，好布置，要使学生清楚本次综合性学习的内容，有哪些具体的方式，要让学生知道要做的事情，该怎么做。

第三，做好分工。教师要在征求学生意见的基础上，指导学生根据年龄、性别、居住地等情况，让学生自由组合，成立相应的学习活动小组，选择好组长，落实好组员，同时指导学生做好相应的活动分工，让小组成员人人明白自己该如何准备，该做什么，该怎么做。

第四，组织活动。在学生完成准备工作后，教师应当精心指导学生的具体活动。在活动过程中，教师应确保学生的安全，并提供相应的支持。教师需要随时了解活动的进行情况，及时表扬出色的表现，持续提供指导，关注每一个环节，积极协助学生解决可能出现的问题和困难。这样的做法有助于确保每个学生在活动中都能积极参与，并达到预期的实效。

第五，成果展示。要采用多种形式，给学生平台，让他们充分展示、交流学习成果。如采访的照片、录音等，可以通过小报、交流会、小品、故事会等多种方式来展示学习的成果。

第六，总结反思。在学生进行成果展示之后，教师要进行相应的总结，对在学习活动中，学生好的思路、做法以及形成的有价值的成果进行表彰、鼓励；对在活动中的表现突出的学生小组、个体要给予相应的表彰、奖励；对活动中存在的问题要引导学生进行总结，开展反思。

五、小学语文教育中综合性学习的设计

（一）综合性学习设计遵循实效性原则

小学语文教育中综合性学习的设计应始于主题选择，强调结合学生的学习和生活实际。只有将学科内容与学生熟悉、身边的事物相结合，方能激发

学生的兴趣，使整个学习活动更具实效性。在学习过程的各个环节，需要着重强调每个环节的设计应符合学生的特点，适应学习过程，以达到最佳的活动效果。在评价、反思和总结阶段，也应注重评价方式和方法的选择，使评价成为激励学生乐于表达、勤于探究的重要途径和媒介。总体而言，在整个综合性学习活动的过程中，务必努力确保每个环节都具有实效。

（二）综合性学习设计遵循发展性原则

小学语文教育的综合性学习设计应当遵循发展性原则。语文学科的目标在于提高学生的语文能力和素养，主要体现在听、说、读、写四个方面的能力上，这些能力将贯穿学生的语文学习始终。而综合性学习则被视为培养学生这四个方面能力、发展语文素养的重要途径。在进行小学语文综合性学习设计时，必须以发展性原则为设计的基本依据。

第一，综合性学习的设计应当符合学生的年龄特点和发展水平，因为学生的认知、语言、思维等能力都在不断发展变化中。因此，设计的活动内容、形式和要求应当适应学生的发展水平，既能激发学生的兴趣，又能促进他们的语文能力和素养的提升。

第二，综合性学习的设计应当注重循序渐进，由浅入深，逐步拓展学生的学习领域和能力。这意味着教师应当合理安排学习任务和活动，使学生能够循序渐进地掌握语文知识和技能，从简单到复杂，从表层到深层，不断提高语文素养。

第三，综合性学习的设计还应当注重整体性和系统性，促使学生在学习过程中能够将所学知识和技能有机地整合和运用。这需要教师将不同领域的知识和技能进行有机结合，设计具有内在联系和逻辑性的学习活动，帮助学生形成系统完整的语文学习体系。

总而言之，综合性学习设计的发展性原则，旨在保障学生在语文学习中得到全面而有序地发展，从而更好地实现语文教育的目标和任务。

（三）综合性学习设计遵循针对性原则

由于学生所在的地域的不同、学生家庭环境的不同、学生年龄特点的不同，在进行综合性学习设计时，要做到有针对性。例如，针对城市小学生，可以设计相应的农村方面为主题的活动让学生参与，而对于农村学生，则可以让其去探究一些城市方面为主题的内容，这样促进不同生活环境学生的相互了解，增强学生的适应能力。针对学生年龄段的不同，在组织学生开展综合性学习的过程中，也应该对听、说、读、写四方面能力的培养有所侧重。在低年段，更多的是对学生听、说能力的培养，中段则逐步重视读、写的渗透，到高段，就要做到四方面能力的有机结合。

（四）综合性学习设计遵循探究性原则

小学语文教育综合性学习设计遵循探究性原则。这种以学生为主体的学习方式与严谨的教育科研有所不同。综合性学习并不过分强调知识的系统性，也不特别关注结果的科学性，而更加注重学生的体验和感受。其核心意义在于让学生亲身体验学习的过程。

在实践中，学生应该是主动提问者，面对困惑时应该勇于探索，发现以前未曾接触过的知识，体验新的情感。探究性学习的关键在于学生通过实践和体验，发现问题、解决问题的过程。这种学习方式不仅有助于学生的知识积累，更重要的是培养了他们的探索精神和解决问题的能力。通过这样的学习过程，学生可以更深入地理解和掌握语文知识，提高语文素养，培养创新思维和实践能力。探究性学习设计的核心原则在于激发学生的主动性和探索欲望，促使他们成为自主、独立思考的学习者。

六、小学语文教育中综合性学习的评析

第一，实施生本评价。对学生语文综合性学习的评价，一定要体现以生

为本的原则。要围绕学生的参与综合性学习的积极性、主动性、创造性来展开评价，既要关注全体学生的广泛参与，又要体现学生之间的不同。评价应着重考查学生的探究精神和创新意识，尤其要尊重和保护学生学习的自主性和积极性，鼓励学生运用多种方法，从不同的角度，进行多样化的探究。这种探究，既有学生个体的独立钻研，也有学生群体的讨论切磋。

第二，体现多元化评价。在小学语文综合性学习的教学设计的评析中，要注意实施多元化的评价方式，既可以采用表格式，又可以采用问卷方式，既可以采取教师评价，也可以请学生自评、学生互评，还可以邀请相应的专家、家长参与评价。从多个角度对学生综合性学习实施全面、客观的评价，以便发现问题，总结经验。

第三，过程和结果并重。在小学语文教育中，综合性评价的核心在于全面考察学习过程。这包括从活动主题的选择到任务的明确，以及小组内合作的分工，直至整个活动的实施过程，都需要进行全程跟踪和及时记录、评估。在评价学生表现时，需要特别关注他们解决问题所采用的思维方式和方法。对于与常规不同的思路和方法，应该给予充分的重视和适当的评价。在展示学习成果时，教师应引导学生运用多种形式来呈现他们在活动中的收获。通过对成果的激励性评价和总结，可以引导学生不断完善和改进综合性学习的方式和方法，从而提升他们的语文综合能力。

第四章
小学语文教育技能的创新探索

第一节　小学语文教育技能创新——备课技能

一、备课技能——撰写教学设计方案

在小学语文教育中，备课技能对于教师的教学效果和学生的学习体验至关重要。其中，撰写教学设计方案是备课的重要环节之一，也是教师在教学过程中展现专业能力和创新精神的重要途径之一。

（一）撰写教学设计方案的注意事项

第一，撰写教学设计方案需要教师充分理解教学内容和教学目标。在备课之初，教师应当仔细研读教材和教学大纲，深入理解教学内容的要点和重点，明确学生应该达到的学习目标。只有对教学内容和目标有清晰的认识，教师才能有针对性地设计教学活动，提高教学效果。

第二，教学设计方案应当围绕学生的学习需求和兴趣展开。教师需要了解学生的年龄特点、认知水平和学习习惯，根据学生的实际情况设计相应的教学活动。同时，教师还应当结合学生的兴趣爱好，设计生动、具有吸引力的教学内容和活动，激发学生的学习兴趣，提高学习主动性。

第三，教学设计方案需要充分考虑教学环境和资源条件。教学环境的不

同会对教学活动的开展产生影响，教师需要根据具体情况调整教学设计方案，确保教学活动的顺利进行。此外，教师还应当合理利用教学资源，如多媒体设备、教学资料等，丰富教学内容，提高教学效果。

（二）撰写教学设计方案的主要内容

与传统"备课"相比，教学设计的核心指导思想在于以教导学，以教促学。教学设计方案通常包含以下内容：

1. 分析教学目标

教学目标贯穿于教学活动的始终，教学是促进学习者朝着目标所规定的方向产生变化的过程。教学目标是一个层级概念，可以分为教学总目标、课程目标、单元目标和学习目标。对于学科教师，进行教学设计时更为关心的课堂教学目标属于学习目标，是对学习者通过课堂教学以后将能达到何种状态的一种明确的、具体的表述。确定教学目标需要深入理解分析教材，考虑学生的特点，在分析和表述目标时应该注意以下方面：

（1）正确定位目标对象。教学目标的分析与设计是由教师来完成的，但其表述应该着重于学生学习后所达到的结果。这些结果描述了学生在教师和同伴的帮助下，如何利用各种资源和工具进行学习。

（2）目标的制定尽可能明确、具体。明确具体的目标有助于教师和学生在教学/学习过程中随时自我检测，以便及时调整策略。常用的方式是用行为动词和动宾结构短语表述学习的结果。最好不用"了解""学习""理解""培养"等抽象含糊的动词，而使用"解释""说出""给……下定义""分析"等具体的行为动词。例如："理解课文如何围绕中心思想取材"这一目标表述，就比较含糊不好判断，可以改为："学生能依据课文的自然顺序列出文中记叙的主要事件，并说明它们是怎样表达中心思想的。"

（3）说明达到目标的条件及判别标准。条件是影响事物发生、存在或发展的因素，而标准则是行为完成质量可接受的最低衡量依据。它们都是行为目标中的可选部分，为后续判断是否达到目标提供了判断依据。然而，有时条件和标准之间的区分并不容易。例如，"3 分钟之内"既可以被视为条件的描述，也可以被看作是标准的描述。例如，对于目标"至少能用 3 个新学的生字在 8~10 分钟内口头组词造句或创编谜语、儿歌、小故事"，这种基于科学分析后设定的明确目标有利于师生更好地判断语文教学的质量。

（4）目标设计要有层次性。在设计目标时，应当从简单到复杂、由浅入深，呈现一定的渐进性，以更好地适应学生的差异和认知特点。基本目标是大多数学生都应该掌握的，而高级目标则为那些有能力的学生指明了更高的努力方向。此外，教师还应当从总体教学目标出发，逐步确定各级子目标，并明确它们之间的关系图，从而确定达到这些目标所需的教学内容和逻辑顺序（即知识点排列顺序）。

2. 分析教学内容

撰写教学设计方案的主要内容之一是分析教学内容。教学内容指的是为了实现教学目标，要求学习者系统学习的知识、技能和行为规范的总和。通常，教学内容可以分为事实、概念、技能、原理和问题解决等五大类。教学内容分析的目的是以总体教学目标为基础，确定教学内容的范围和深度，揭示教学内容各组成部分之间的联系，并规划教学顺序。

（1）教学内容分析需要对教学目标进行深入理解。教师应当清楚地知道教学目标是什么，学生应该掌握什么知识、技能和行为规范。只有明确了教学目标，教师才能有针对性地选择和安排教学内容。

（2）教学内容分析需要将教学内容划分为不同的类别。根据教学内容的性质和特点，可以将其分为事实、概念、技能、原理和问题解决等不同的类别。这有助于教师更清晰地理解教学内容的组成部分，从而有针对性地设计教学活动。

（3）教学内容分析需要揭示教学内容之间的内在联系。教学内容往往不是孤立存在的，而是相互联系、相互作用的。通过分析教学内容之间的内在联系，教师可以更好地组织教学活动，使学生能够系统地理解和掌握所学内容。

（4）教学内容分析需要规划教学顺序。根据教学内容的难易程度和学生的认知特点，教师应当合理安排教学顺序，使学生能够逐步、渐进地学习和掌握所学内容。

3. 分析学习者特征

（1）在教学设计的实践中，常常需要对特定年龄阶段的学生进行认知特征、学习风格和起点水平的分析，以便更好地设计教学方案。

第一，认知特征是教学设计中不可忽视的重要因素之一。学生的认知发展水平随着年龄的增长而变化，这直接影响了他们对知识的理解和问题解决能力。例如，在幼儿阶段，学生的认知能力主要集中在感知和简单的操作上，而到了青少年阶段，他们逐渐具备了抽象思维和逻辑推理的能力。因此，教师在设计教学方案时需要根据学生的认知特征，选择合适的教学方法和策略，以促进他们的学习。

第二，学习风格也是影响教学设计的重要因素之一。学生的学习风格包括他们在接收和处理信息方面的不同偏好，以及对学习环境和条件的不同需求。有些学生喜欢通过听觉方式学习，而另一些则更喜欢通过视觉或动手操作方式学习。因此，教师在设计教学方案时需要充分考虑学生的学习风格，采用多样化的教学方法和手段，以满足不同学生的学习需求。

第三，起点水平的分析也是教学设计的重要一环。起点水平分析主要包括对学生预备技能、目标技能和学习态度的分析。预备技能分析指的是了解学生是否具备进行新学习所必需的基本知识和技能；目标技能分析则是了解学生是否已经掌握了教学目标的一部分内容；而学习态度分析则是通过观察、会谈等方式了解学生对学习的态度和态度。通过对起点水平的分析，教师可以更好地把握学生的学习水平和需求，有针对性地设计教学内容和活动，以提高教学效果。

（2）信息技术环境下的学习者特征。在信息技术环境下，学习者的特征受到了更广泛的关注。除了之前提到的认知特征、学习风格和起点水平外，学习者在信息技术环境下的特点也至关重要。在信息技术环境下进行教学，教师需要特别关注以下方面：

第一，学习者需要具备基本的信息素养。随着信息技术的普及，学生需要具备辨别信息真伪、有效利用网络资源的能力。信息素养不仅仅包括信息的获取和利用，还包括信息的评估和判断能力，这对于学生在网络环境下的学习至关重要。

第二，不同形式和强度的多媒体信息对学生感官的刺激会影响他们的注意力。在信息技术环境下，学生接触到的信息形式多样，包括文字、图像、视频等。这些多媒体信息的刺激往往更容易引起学生的注意，但也可能使他们分散注意力，影响学习效果。因此，教师需要根据学生的特点和学习任务，合理选择和利用多媒体资源，以最大程度地激发学生的学习兴趣和注意力。

第三，学生在利用网络进行"自主探究"学习时需要具备一定的自控能力。信息技术环境下的学习强调学生的主动性和自主性，学生通过网络自主获取、筛选和整合信息，进行个性化学习。然而，这种自主探究式学习也需要学生具备一定的自我管理和自我约束能力，避免迷失在信息的海洋中，保持学习的目标和方向。

4. 分析教学媒体

教学媒体是指在教与学的活动过程中所采用的媒体，是储存和传递教学信息的载体和工具。常用的书本、粉笔、黑板等是传统媒体，数字投影、计算机、网络等是现代媒体。常说的多媒体一方面指作用于感官的文本、图像、视频、声音等多种媒体信息；另一方面指能够呈现这些感官信息的多媒体技术。对于课堂教学，教师选择教学媒体首先是对普通教室、多媒体教室、计算机网络教室等硬件环境的选择。这涉及学校的设备情况、使用方便程度、师生的信息素养等因素。

教学媒体不仅要恰当选择，而且必须使用得当。教师要善于把握媒体的最佳作用时机，使教学媒体在课堂教学活动中能够较好地发挥其独特优势，帮助学生保持良好学习心理状态，或者帮助学生将不良学习心理状态转化为良好学习心理状态，以保证教学目标的实现。

5. 分析教学策略

教学设计方案的主要内容之一是分析教学策略。教学策略指的是完成特定教学目标所采用的教学活动的程序、方法、形式和媒体等因素的综合考虑，它在教学过程中具体体现为教与学相互作用的各种活动，是教学过程的核心方案。通常而言，人们将多种方法和策略的组合运用称为教学模式。教学策略具有灵活性和指导性的特点，因此没有适用于所有教学目标和内容的万能策略。设计教学策略是体现教育教学观念和创造性的重要环节。在语文新课程改革中，倡导了自主学习、合作学习和探究学习三种学习方式。

（1）自主学习是指学生根据自己的兴趣、需求和能力，自主选择学习内容、学习方法和学习时间的学习方式。在设计教学策略时，教师可以通过设立学习任务、提供资源和指导学习过程等方式，激发学生的学习兴趣和主动性，培养其自主学习的能力。例如，可以设计一些开放性的探究性学习任务，让学生根据自己的兴趣和思考，自主选择研究的方向和方法，并在学习过程中不断探索和发现。

（2）合作学习是指学生在小组或团队中共同合作、相互协助、共同完成学习任务的学习方式。在设计教学策略时，教师可以组织学生进行小组讨论、合作探究、共同解决问题等活动，促进学生之间的互动和合作，提高他们的学习效果和综合能力。例如，可以设计一些小组合作项目，让学生共同研究课文内容，进行角色扮演、情景模拟等活动，从而增强他们的合作意识和团队精神。

（3）探究学习是指学生通过主动探究和实践，发现问题、解决问题的学习方式。在设计教学策略时，教师可以引导学生通过提出问题、进行调查研究、实验探索等活动，培养其探究精神和解决问题的能力。例如，可以设计一些探究性学习任务，让学生通过观察、实验、讨论等方式，探索课文中的知识点，从而提高他们的学习兴趣和能动性。

总体而言，教学策略的设计需要根据学生的特点和学习目标，灵活运用各种教学方法和手段，促进学生的全面发展。自主学习、合作学习和探究学习是语文教学中值得推广和应用的学习方式，通过合理设计教学策略，可以更好地激发学生的学习兴趣和潜能，提高他们的学习效果和能力。

6. 评价教学设计成果

评价教学设计成果是教学设计过程中至关重要的一环。评价是修改的前提，也是教学设计成果趋于完善的调控环节。教学设计成果的评价通常可以分为形成性评价和总结性评价两种方式。

（1）形成性评价。形成性评价是指在教学设计过程中对设计成果进行持续性和系统性的评价。形成性评价注重在设计过程中不断地收集、分析和利用反馈信息，及时发现和解决问题，确保教学设计的有效实施。在进行形成性评价时，教师可以考虑以下几个方面：

第一，教学目标的达成情况：评价教学设计成果时，首先需要考察教学目标是否明确、具体，并且是否能够有效地指导教学实践。通过观察学生的学习表现、听取学生的反馈以及进行小测验等方式，来评价学生是否达到了预期的教学目标。

第二，教学内容和教学活动的设计：教学设计成果的评价还需要考虑教学内容的合理性和教学活动的多样性。教师可以从教学内容的连贯性、深度和广度，以及教学活动的趣味性、互动性和启发性等方面进行评价，以确定教学设计是否能够有效地引导学生的学习。

第三，学生参与程度和学习效果：评价教学设计成果还需要考查学生的参与程度和学习效果。教师可以通过观察学生的学习态度、行为表现以及课堂氛围等方面，来评价学生对教学内容的兴趣和接受程度，以及学生是否能够达到预期的学习效果。

（2）总结性评价。总结性评价是指在教学设计实施结束后对设计成果进行综合性、系统性的评价。总结性评价主要目的是检验和评估教学设计的有效性、科学性和实用性，为今后的教学改进提供参考。在进行总结性评价时，教师可以从以下方面进行考虑：

第一，教学效果的评估：总结性评价需要对教学效果进行全面、客观地评估。教师可以通过学生的学习成绩、考试表现、课堂表现以及学生的反馈等方式，来评价教学设计对学生学习的影响和效果。

第二，教学过程的反思：总结性评价还需要对教学过程进行深入的反思和分析。教师可以回顾整个教学设计的过程，总结教学中的成功经验和不足之处，找出存在的问题和改进的空间，从而为今后的教学实践提供经验和借鉴。

第三，教学设计的改进建议：总结性评价最终需要提出具体的改进建议和措施。教师可以根据评价结果，针对存在的问题和不足之处，提出相应的改进措施和建议，以进一步提升教学设计的质量和效果。

综上所述，评价教学设计成果是教学设计过程中不可或缺的重要环节。形成性评价和总结性评价相辅相成，既重视在设计过程中的实时反馈和调整，又注重在教学实施结束后的综合评估和总结。通过评价教学设计成果，可以及时发现和解决问题，提高教学效果和质量，促进教学的持续改进和发展。

二、备课技能——获取和加工多媒体素材

应用媒体优化教学是现代教育技术的核心内容。撰写教学设计方案只是备课的重要步骤之一，教师还需依据方案准备教学用多媒体资源。多媒体素材是传播教学信息的基本材料单元，分为文本、图形/图像、音频、视频和动画五种。多媒体素材的获取和加工是集成多媒体教学软件的基础。

（一）获取和加工多媒体的文本素材

"口头为语，书面为文"，文本信息是语文教学中最基本的媒体元素，是语文教学内容最重要的载体形式。在小学语文多媒体课件中，课文内容、作者背景、问题表述等都离不开文本的支持，此外课件的标题、菜单、按钮、导航等也以文本信息为主。

1. 文本素材表达的特性

文本是信息化资源中使用最为广泛的方式，用于对知识的描述性表示，是准确、有效地传播教学信息的重要媒体元素。文本涉及逻辑思维，需要学习者有较强的阅读理解能力和逻辑思维能力。另外，计算机屏幕上呈现的文本不同于印刷文本，学习者阅读时会受文字的大小、颜色、字体、样式、位置等因素的影响。

2. 文本素材常见文件格式与特点

常见的文本文件格式与特点见表 4-1。

表 4-1　常见文本文件格式与特点

格式	主要特点
TXT	TXT 是纯文本文档，是最原始的文档格式，也就是记事本编辑保存的文本文件格式。txl 格式文件不包含字体、字号、颜色等控制信息，所以一般存储空间都比较小
DOC	DOC 是 Microsoft Word 字处理软件所使用的文件格式
WPS	WPS 是金山公司出品的 WPSOffice 文字处理软件生成的文件格式
PDF	PDF 是 Adobe 公司开发的一种结构化的文档格式，常用于文档的交换与浏览，尤其是网络浏览
RTF	RTF 常用于各种字处理，软件之间的文档转换

3. 文本素材的获取和加工

（1）文字录入。文字录入是获取文本素材最基本的方式之一。目前，主要的文字录入方式包括键盘录入、手写板录入、语音录入以及扫描录入等。

第一，键盘录入是最常见的文字录入方式之一。用户通过键盘输入文字，可以快速、准确地将思想和信息转化为电子文本。这种方式适用于大多数人群，尤其是对于熟悉键盘操作的用户而言，录入效率较高。

第二，手写板录入是一种通过电子手写板或触摸屏输入文字的方式。用户可以使用电子笔或手指在手写板或触摸屏上书写文字，系统会将手写的文字转化为电子文本，这种方式适用于那些习惯于手写的用户，也可以用于一些需要手写签名或批注的场景。

第三，语音录入是利用语音识别技术将口述的文字转化为电子文本的过程。用户通过麦克风输入口述的文字，系统会自动将语音转化为文字。这种方式对于一些需要快速输入大量文字的场景，以及对键盘输入有困难的人群而言，具有很大的便利性。

第四，扫描录入是将纸质文档通过扫描仪转化为电子文本的过程。用户将纸质文档放置在扫描仪上进行扫描，系统会自动识别文档中的文字并转化为电子文本。这种方式适用于需要数字化处理纸质文件的场景，如文档归档、档案管理等。

（2）网页文字拷贝。网络上的信息浩瀚无穷，通过百度、谷歌等搜索引擎找到有价值的网页，选中所需文字，然后使用"复制-粘贴"功能就可以将文字拷贝下来。偶尔也会遇到网页文字不允许选中的情况，这是因为网站对页面设置了内容保护，屏蔽了左、右键设置，致使复制、粘贴功能不好用。这时可以通过"文件另存为"功能，将网页文件保存为"文本文件"，再到保存的 txt 文本文件中查找所需文字即可。也可以单击 IE 浏览器"工具"菜单中的"Internet 选项"，选择"安全"选项卡，单击"自定义级别"，找到"活动脚本"，将其禁用。一旦确认完成，刷新页面即可开始复制网页上的文字。复制完成后，请务必将浏览器的"安全"选项还原至默认设置，以免导致部分网页无法正常显示。

（3）汉语拼音的输入。在制作语文试卷或低年级语文课件时，经常需要输入汉语拼音。如果输入数量较少，可以在 word 中执行【插入】|【特殊符

号】|【拼音】菜单命令，使用"插入特殊符号"对话框插入汉语拼音。在输入较多汉语拼音时，可以采用更简捷的方法。在 word 中选中要添加注音的汉字，执行【格式】|【中文版式】|【拼音指南】菜单命令，会弹出"拼音指南"对话框，设定拼音注释的格式，单击"确定"即可。

有时文字素材会以图像的形式呈现在课件中。例如，可以使用 PowerPoint 中的艺术字功能或者将文字保存为图片的方式，然后以图像格式插入到课件中。这种图像化的文字保留了原始的风格，包括字体、颜色和形状等，同时也可以很方便地调整尺寸。

（二）获取和加工多媒体的图形/图像素材

在小学语文教材中，很多课文或教学内容常常附带一些情景插图，它们对帮助学生理解教学内容非常重要。在信息化教学过程中，将这些情景插图集成到多媒体课件中形象呈现，或者收集更多与教学内容密切相关的山水风光、人物照片等课文图片提供给学生，有助于教学目标的有效达成。

1. 图形/图像素材的作用

图形/图像是表达思想的一种方法，常以静态形式存在，可以形象、生动、直观地表示出大量的信息，帮助分析、理解教材、解释概念或现象等。图形/图像在语文多媒体教学软件中应用较多，从界面、背景到各种插图，都可以看到它们的身影。

2. 图形/图像素材的常见文件格式与特点

根据其格式和特点的不同，图形或图像可分为矢量图和位图两大类。矢量图由计算机绘制，包括直线、圆、矩形、曲线、图表等外部轮廓线条构成。其主要优点在于信息存储量较小，且在缩放过程中质量不受影响，但色彩相对较单调。相反，位图则由扫描仪、摄像机或数码相机等输入设备捕捉的实际画面场景产生的数字图像。位图的主要优点在于色彩自然、柔和，具有较强的层次感，能够真实地重现生活环境。然而，其缺点在于图像文件的存储量较大，并且在缩放过程中容易出现变形或产生锯齿效应。常见的图形/图像文件格式及其特点见表4-2。

表4-2　常见图形/图像文件格式与特点

常见类型	主要格式	基本特点
图形	WMF	微软公司自定的矢量图格式，Office 剪辑库中的图形就是以这种格式保存的
	EMF	Windows 增强性图元文件格式
	CDR	CorelDmw 制作生成的.CDR 文件
图像	BMP	标准图像文件格式，能够被多种 Windows 应用程序所支持。无压缩，不会丢失图像的任何细节，占用存储空间大
	JPG（JPEG）	一种常用的有损压缩格式，占用存储空间小，适合应用于多媒体课件和网页图像
	GIF	颜色失真度较大，有动态和静态两种，支持透明背景图像，适用于多种操作系统，占用空间小，网上很多小动画都是 GIF 格式

3. 图形/图像素材的获取和加工

（1）数码相机拍摄。随着数码产品不断普及，数码相机（DC）、能照相的手机已不再是稀罕物。数字化的今天，可以通过自行拍摄的方式将数码相机产生的数字化图像通过接口及配套软件直接导入到计算机中。

（2）扫描仪扫描。扫描仪是一种主要用于静态图像输入的设备，可用于扫描各种照片、图表等。对于一般的照片，可以选择使用 300 分辨率的扫描精度，这样能够保证图像的清晰度和质量。对于印刷的图片，应选择去除网纹的扫描方式，以确保图像不受印刷品的干扰。而对于需要高精度扫描的情况，应先通过预览功能准确地确定扫描区域，以免生成过大的图像数据量，从而节省处理时间和资源。

（3）捕捉屏幕图像。在观看视频、动画或其他课件时，可以将心仪的屏幕画面截取下来。最简单的方法是用键盘上的"PrintScreen"键将屏幕图像复制到 Windows 剪贴板中，再打开图像处理软件粘贴即可得到分辨率与屏幕区域设置大小相同的图像。"Alt＋PrintScreen"键则可以截取计算机屏幕活动窗口的画面。还可以通过抓图软件进行抓图，常用的屏幕抓图软件有红蜻蜓、

Capture Profession、SnagIt 等。此外，腾讯 QQ 软件自带的"捕捉屏幕"功能也比较好用。可以点击截图按钮或同时按下组合键"Ctrl＋Alt＋A"进行捕捉画面，然后点击"保存"图标，选择适宜的图片格式即可。

（4）网络共享资源下载。在小学语文课件中，使用的图片主要来自网络共享资源。借助谷歌、百度等搜索引擎中的"图片"搜索功能，可以方便地找到所需的图片素材。以搜索"桂林山水"图片为例，只需在搜索引擎中输入关键词"桂林山水"，然后单击搜索按钮，即可在屏幕下方看到各种与桂林山水相关的图片。在搜索结果中，"1024×768 86 k.jpg"表示这张图片的尺寸为 1024×768 像素，占用空间为 86k，而文件格式为 jpg。

不过这些都是缩略图，此时进行保存获得的图片尺寸比较小。如果在多媒体课件中将其放大，会出现画面模糊现象。需要单击缩略图打开图片，获得图片的原始大小再进行保存。此时，在图片上单击右键，选择"图片另存为"或"复制"的方法，均可获得图像。

（5）图形/图像的简单处理。Windows "附件"中的画图程序可以对图形/图像进行简单处理。Office 软件中，利用图片工具栏也可以轻松实现图片大小缩放、剪切多余背景和调整颜色、亮度、旋转等工作。执行【视图】|【工具栏】|【图片】菜单命令，可以显示/隐藏图片工具栏。

（三）获取和加工多媒体的音频素材

从最初的录音机用于语言教学开始，音频在小学语文课堂上频频出现。标准规范的字词发音和课文范读，有助于学生更好掌握普通话要领；富有感情的配乐朗诵则可以更好地表现文章的美感和意境；此外，语文教学强调培养学生的想象力，而声音在激发想象力方面比具象的图像和视频更具优势。

1. 音频素材的表达特性

音频包括音乐、语音和各种音响效果，属于过程性信息。在教学中利用

音频传递教学信息，是调动学生使用听觉接受知识的必要前提。教学中利用发音标准的解说、动听的音乐和逼真的音响效果传递教学信息，不仅能调动学生的听觉参与学习，更有利于学生集中注意力、陶冶情操和激发学习潜能。

2. 音频素材的常见文件格式与特点

在计算机中，广泛使用的音频文件主要分为两类：

（1）MIDI 文件，它专门用于记录乐器声音。音乐乐器数字接口（Musical Instrument Digital Interface，MIDI）文件是一种用数字信号记录乐器演奏信息的文件格式。通过 MIDI 文件，可以准确地记录乐曲的音高、音量、音色等信息，而不是直接记录声音本身，这使得 MIDI 文件能够在不同设备和软件之间进行交互和共享，同时也使得它们占用的存储空间相对较小。

（2）机械振动所得的数字文件，通常被称为波形文件，这种类型的音频文件记录了各种声音的机械振动，并以数字形式存储。波形文件捕捉了声音的振动模式，包括其振幅、频率和相位等信息。这使得波形文件能够准确地再现声音的特征，包括乐器演奏、人声、自然声音等。波形文件通常使用常见的音频格式，如 WAV、MP3、FLAC 等，以便在各种计算机和音频设备上播放和编辑。

上述两类音频文件在计算机中具有广泛的应用。MIDI 文件常用于音乐创作、音乐制作和电子乐器演奏等领域，而波形文件则广泛应用于音乐录制、音频编辑、游戏音效、多媒体制作等方面。无论是专业音乐制作人员还是普通用户，都可以通过使用这些音频文件来实现各种音乐和声音的创作、编辑和播放。

3. 音频素材的获取和加工

（1）自行录制。计算机的普及使音频的处理更加方便和快捷，运用计算机编辑音频信息先要把音频资源采集到计算机中。这时可以通过计算机中的声卡，从麦克风中采集语音生成音频文件。在声音录制或采集时，声卡和麦克风的质量将直接影响所录制的声音文件的质量。此外，采样位数与采样频率也是十分关键的。一般说来，采样频率越高、采样位数越大，声音质量就越好，但相应的声音文件也越大。利用麦克风录制声音的基本操作步骤如下：

第一，准备工作。首先将麦克风插入声卡的麦克风（MIC）插口，双击Windows任务栏右边的小喇叭图标，弹出"主音量"控制面板，单击面板中的【选项】|【属性】，弹出音频属性对话框。在"混音器"右边的列表中选择录音设备，以便进行录音属性设置。确保在对话框中选中了"麦克风音量"（注意：若录制声卡中的声音则需要选中"立体声混音"），单击确定。

第二，开始录制。以录制《桂林山水》课文朗读声音为例，单击任务栏上的【开始】|【程序】|【附件】|【娱乐】|【录音机】，打开录音机程序。单击录音机程序上的"录音"按钮，此时即可通过麦克风进行录音。录音机程序默认的录制时间是60秒，60秒后会自动终止录音，此时再次单击"录音"按钮可继续录制。朗读结束后，单击"停止"按钮结束录制。单击【文件】|【保存】，将录制的声音命名为"桂林山水朗读"并保存即可。

需要注意的是，录音机程序一般只能将录制的声音保存为WAV格式。由于WAV格式文件相对较大，这在课件制作中可能会导致文件体积过大的问题。为了解决这一问题，可以利用转换软件将WAV格式的录音文件转换为MP3等更为压缩的格式。这样做不仅可以减小课件文件的体积，还能保证音质的基本完整性。

（2）网络共享资源下载。在小学语文教学中使用的音频资料更多来自网络共享资源。与图片素材获取方式相似，百度、谷歌等搜索引擎中也有支持音频搜索的功能。同样，在搜索栏中输入关键字就可以搜索到大量的音频资料。通过这种方式搜索到的音频提供了链接地址。只要在下载链接上右击鼠标，选择快捷菜单中的"目标另存为"就可以下载音频文件了；如果电脑中已安装了迅雷等下载软件，也可以在下载链接上右击鼠标后，选择"使用迅雷下载"命令，从而下载该音频文件。

互联网上的一些音频资料被嵌入到网页中，没有直接的下载链接。在这种情况下，可以右键点击播放器，查看音频文件的属性，找到其下载地址，

然后使用下载软件下载。对于无法直接下载的音频素材，比如网页背景音乐或游戏音乐，也可以使用录音软件录制下来。

（3）音频片段的截取。在制作多媒体课件时，有时只需要音频中的某一部分作为背景音乐或特殊音效，有时需要把完整的课文朗读分成几个片段分步讲解，这时都需要对音频文件进行截取。例如，使用超级解霸 3000 截取音频文件较为容易。运行超级解霸 3000 组件之"音频解霸"，执行【文件】|【打开一个文件】命令找到音频文件；然后通过播放、暂停等控制播放声音内容；接着单击工具栏上的"循环"按钮，在适宜的位置点击"选择开始点"和"选择结束点"设置好截取范围；最后单击"保存为 MP3"即可。

（四）获取和加工多媒体的视频素材

视频素材集声、光、画于一体，能给学生以直观的感受。小学语文教材中涉及很多自然风光、人文景观等方面的内容，适于用视频的形式展现。小学生经历较少，用视频形式辅助课文讲解，符合小学生的身心特点，易于激发学习兴趣，从而取得事半功倍的教学效果。

1. 视频素材的表达特性

小学语文教学中，视频素材具有多种表达特性：① 视频可以生动展现文字无法传达的场景和情境，激发学生的兴趣；② 视频可以通过图像、声音和文字的结合，提供多重感官刺激，有利于学生的感知和理解；③ 视频还可以呈现多样的语言风格和表达方式，丰富学生的语言体验；④ 视频能够为学生提供真实、生动的语境，促进他们的语言运用和交际能力的提升。综上所述，视频素材在小学语文教学中具有独特的表达特性，可以有效地丰富教学内容，提高学生的学习效果。

2. 视频素材的常见文件格式与特点

视频常令人想到电视，但电视视频是模拟信号，计算机视频则是数字信号。借助计算机的多媒体控制能力，可以实现视频的播放、暂停、快进、倒带、单帧播放等功能。

3. 视频素材的获取与加工

（1）自行拍摄：通过使用数码摄像机，可以直接拍摄活动影像，并将其以 MPEG 等数字格式存储，无须任何转换即可输入到计算机中。

（2）网络共享资源下载：在网络视频资源中，存在一般格式的视频文件以及流媒体格式的视频文件，如 FLV 格式[①]。下载视频素材的方法类似于音频素材，包括以下途径：

第一，有些网页直接提供了视频文件的下载链接，可通过"目标另存为"命令直接下载。

第二，利用专门的下载工具软件，如网际快车、迅雷等，可以提高下载速度，并支持断点续传功能。

第三，对于在线播放的流媒体视频，除了 FLV 格式外，通常也可以使用迅雷软件下载。在安装并运行迅雷软件后，打开包含在线播放视频的网页，将鼠标移至播放器上，直到出现迅雷提供的"下载"按钮。点击该按钮弹出下载对话框，设置保存路径、文件名和下载线程数后，确认即可开始下载。

第四，利用彗星浏览器可以方便地下载页面中的视频、音频和 Flash 文件。打开包含视频的页面后，等待视频播放开始，然后右键单击鼠标进入下载本页媒体文件，即可看到已捕获的视频文件并进行下载。

三、备课技能——设计与制作多媒体课件

（一）多媒体课件开发的主要内容

多媒体课件开发包括很多内容，下面以集成工具的课件选择和常见多媒

---

① FLV 格式是一种常见的网络视频格式，全称为 Flash Video。FLV 格式是由 Adobe 公司开发的一种视频文件格式，通常用于在网络上流式传输和播放视频内容。

体课件的结构为例，进行分析：

1. 集成工具的课件选择

根据教学需要准备好多媒体素材后，就进入到素材集成即课件制作过程。对中小学教师而言，不同的集成工具软件适合不同类型课件的开发制作。

（1）演示型课件：PowerPoint 是当前流行的演示型课件集成软件。

（2）交互型课件：常用的交互型课件开发工具主要有 Authorware、方正奥思、Flash 等。

（3）网络型课件：当前比较常用的网络型课件开发工具主要是 Frontpage 和 Dreamweaver。

2. 常见多媒体课件的结构

不同的课件结构对于课件的使用效果有较大影响。下面探讨常见的多媒体课件结构：

（1）线性结构。很多多媒体演示文稿采用这种结构，按线性顺序"播放"整个课件，比较适合讲授为主的课堂教学。

（2）百科全书式结构。百科全书式结构是一种树状结构，类似于书籍中的章节组织方式。课件的内容被分为不同的章节或主题，每个章节又可以包含子章节或相关主题，形成了一个层级化的结构。这种结构设计使得学习者可以按照自己的兴趣和需求浏览课件内容，灵活地选择学习路径。同时，百科全书式结构还能够帮助学习者更好地理解课件内容的逻辑关系和组织结构，提高学习效率。

（3）指导式结构。指导式结构是一种结构化的信息组织方式，适合于需要详细解释和大量练习的主题。它希望像导师一样通过序列化信息、测试和反馈与学生进行交流互动。在这种学习环境中，学生的学习受系统的控制，有清楚的学习目标，一般较少使用外部资源。交互式多媒体教学课件大多采用这类结构形式。

（二）用演示文稿软件制作演示型的课件

演示文稿软件（PowerPoint）是用于设计、制作宣传广告、产品演示图、会议流程等电子版演示文稿的软件，与 Word、Excel 等同属于 MicrosoftOffice 办公软件家族。它具有操作容易、界面友好、便于修改等优点，很容易制作出集文字、图形、图像、声音以及视频剪辑等多媒体元素于一体的演示文稿，是语文教师日常制作多媒体课件的首选工具之一。由于 PowerPoint 在交互制作方面略显不足，常用来制作演示型课件，但通过内嵌 Flash 等交互式动画的方式，也可以选择学习序列好实现课件的人机交互功能。下面以"桂林山水"为例进行探讨。

"桂林山水"这篇课文以生动形象的笔触描绘了桂林山水的秀丽风光，是一篇不可多得的写景佳作。学生不仅可以通过阅读课文感受桂林山水之美，而且可以通过品味词句，反复诵读积累语言，从中学习作者的表达方法。

在教学过程中，教师需要将课文相关的字词、风景图片、视频等媒体资料展示给学生，大多数内容不需要人机交互。考虑到 PowerPoint 在制作演示型课件方面具有操作容易、便于修改等诸多优势，因此使用 PowerPoint 制作这一课件。下面以该课件为例，阐述如何利用 PowerPoint 制作小学语文演示型课件。

1. 课件预览

根据教学需要，"桂林山水"课件一共分为七个部分，分别是：课文欣赏、情境朗读、学习生字、词语解释、精美图片、课堂练习、阅读链接。其中，"课文欣赏"部分，提供了带有滚动条的课文全文；"情境朗读"部分，展示的是一个全文朗读的视频；"学习生字"部分，链接了 11 个 Flash 动画，点击页面上的生字，即可出现该生字的动画，帮助学生学习生字的读音、字义、结构、笔顺等知识；"词语解释"部分，学生可以点击词语，触发相应的词语解释动画，查看该词语的意思；"精美图片"部分，提供六幅精美的桂林山水图片，点击图片，可以全屏欣赏；"课堂练习"和"阅读链接"部分分别提供了相关的字词练习和课外阅读材料。

2. 确定课件结构

"桂林山水"课件采用的是树状结构，各部分之间可以按照线性顺序进行播放，也可以通过页面上的导航条（菜单）进行灵活跳转，这种结构设计使得学习者可以根据自己的需求和兴趣选择学习路径，既可以按照课件的逻辑顺序一步步学习，也可以根据具体需求直接跳转到感兴趣的内容部分。这种灵活的导航方式为学习者提供了便利，使其可以更加高效地获取所需知识，提升学习的效果和体验。

3. 课件素材及来源

"桂林山水"课件的主要素材及来源见表4-3。

表4-3 "桂林山水"课件的主要素材及来源

素材	具有代表性的内容	主要来源
文本素材	课件正文内容	录入
图形/图像素材	封面背景	PowerPoint 模板
	风景图片	网络下载
动画素材	生字 Flash	网络下载
	音乐开关 Flash	自制
声音素材	课文朗读声音	网络下载
视频素材	情境朗读视频	网络下载、剪辑

4. 课件主要环节制作

下面探讨"桂林山水"课件主要环节的制作方法：

（1）给幻灯片配上图片。例如，为了让学生在欣赏桂林山水景色的同时，能够一边听朗读，一边浏览课文原文，以达到整体感知课文的目的，这里需要给幻灯片配上一幅桂林山水景色的图片（文件名为"桂林 2.bmp"）。在幻灯片中插入图片，常用方法有两种：①执行【插入】|【图片】|【来自文件】

命令，打开"插入图片"对话框，在对话框中找到图片文件所在的文件夹，再找到要插入的图片文件"桂林2.bmp"，双击文件图标即可将图片插入到幻灯片中；② 在网页中的图片上，或者在资源管理器中的图片文件名称上单击右键，从快捷菜单中选择"复制"，然后在要插入图片的幻灯片页面空白处单击右键，从快捷菜单中选择"粘贴"，就能轻松地将图片插入到幻灯片中。如果此图片来自网络，可能会带有超级链接。为了方便演示，最好去掉此链接，方法是选中图片，在右键菜单中选择"删除超级链接"。

用以上两种方法都可以在幻灯片中插入图片，插入之后可以根据需要调整图片的大小和位置，直到合乎需要为止。

（2）插入声音。为了在浏览课文原文，并在整体感知课文的基础上，培养学生的朗读能力，需要在幻灯片中插入课文范读的声音（文件名为"桂林山水朗读.mp3"）。在幻灯片中插入声音，可使用的方法：执行【插入】|【影片和声音】|【文件中的声音】命令，查找到要插入的声音文件"桂林山水朗读.mp3"，双击文件图标，在弹出的对话框中选择"自动"，声音文件就可以被插入到幻灯片中，并且在播放课件时自动播放。插入声音后，页面上会出现一个小喇叭标志。

第二节　小学语文教育技能创新——目标设计

一、目标设计创新的意义

第一，提高学生学习兴趣和动机：创新的目标设计可以更好地贴近学生的兴趣和需求，使学习内容更具吸引力和实用性，激发学生的学习兴趣和动机。当学生对学习有兴趣时，他们更愿意投入时间和精力去学习，学习效果也会更好。

第二，促进学生全面发展：创新的目标设计致力于培养学生的综合素养，

这意味着不仅仅注重语文知识和技能的传授，更关注学生的情感态度、实践能力以及创新意识等多方面的能力。例如，通过阅读和讨论文学作品，学生可以培养情感表达和社交技能；通过参与写作、演讲等实践活动，学生可以提升语言运用和沟通能力；而开展探究性学习和项目式任务则有助于激发学生的创新思维和问题解决能力。这样的全面发展不仅有助于学生在语文学习中获得更全面的成长，还为其未来的学习和生活奠定坚实的基础。

第三，适应社会发展需求：随着社会的不断变化和发展，人们对语文素养的要求也在不断提高。创新的目标设计可以更好地适应社会发展的需求，培养适应社会发展的人才，为学生的未来发展奠定更坚实的基础。

第四，提升教师教学效果：创新的目标设计不仅仅是学生学习的指导，也是教师教学的指导。通过创新的目标设计，教师可以更好地把握教学内容和方法，提升教学效果，激发学生的学习兴趣和潜力。

第五，推动教育改革与发展：创新的目标设计是推动教育改革与发展的关键驱动力之一。通过不断更新目标设计，可以促进教育理念的更新和教育模式的转变。例如，引入跨学科的学习目标设计，可以促进学科之间的整合与交叉，拓展学生的视野和认知。此外，结合现代技术手段，创新目标设计还能够更好地满足学生个性化学习的需求，推动教育教学的个性化发展。这样的创新不仅有助于提高教育教学的质量和效率，还能够培养更具创新精神和适应能力的未来人才，为教育事业的长远发展注入新的活力和动力。

二、目标设计创新的内容

随着教育理念的不断更新和教学方法的不断探索，小学语文教育中的目标设计也在不断创新。在当前的教育实践中，目标设计创新主要包括以下方面：

第一，个性化目标设计：传统上，教学目标往往是统一设定的，忽略了学生个体差异的存在。而现在的创新是将目标设计个性化，根据学生的不同特点和水平，制定具体的学习目标。这样做可以更好地满足学生的学习需求，激发他们的学习兴趣，提高学习效果。

第二，跨学科目标设计：语文教育与其他学科之间并不是孤立的，而是存在着紧密的联系。因此，创新的目标设计将不仅局限于语文学科本身，还会与其他学科的目标相结合，促进跨学科的综合发展。例如，可以将语文学习与艺术、科学等学科相结合，设计跨学科的学习目标，培养学生的综合素养。

第三，情感态度目标设计：除了传统的知识和能力目标外，创新的目标设计还会注重培养学生的情感态度。这包括培养学生的阅读兴趣、语言表达能力、社交能力等方面的目标。通过培养积极向上的情感态度，可以更好地激发学生学习的动力，促进他们全面发展。

第四，实践性目标设计：传统的教学往往偏重理论知识的传授，而忽略了实践能力的培养。因此，创新的目标设计将注重培养学生的实践能力，使他们能够将所学知识应用于实际生活中。例如，可以设计一些与实际生活相关的任务或项目，让学生通过实践来掌握语文知识，提高语文运用能力。

第五，启发性目标设计：传统的教学往往是教师主导的，学生被动接受知识。而创新的目标设计将注重激发学生的学习兴趣和主动性，让他们在学习过程中能够主动探索、发现问题，并通过思考和合作来解决问题。这样做不仅可以提高学生的学习效果，还可以培养他们的创新精神和团队合作能力。

第三节　小学语文教育技能创新——教案编写

教案又称教学计划，是教师为有效进行教学实践活动而事先对教学进行设计，是教师以现代教学理论为基础，依据课标要求、教学对象的特点、不同教学内容的需要和教师个人的教学理念、经验、风格，在运用系统的观点

与方法分析和处理教材内容基础上，针对所教内容的教学目标、教学重难点、教学流程、教学方法等设计的具体实施方案。编写教案是对课堂教学的总的导向、规划和组织，是课堂教学规划的蓝本。

一、小学语文教案编写的要素

小学语文教案编写一般而言没有固定的模式，可以根据教学需要进行选择，但以下要素是必要的：课程名称、适用年级、任课教师、具体内容等。具体内容主要包括课题、教学目标、教学重难点、教学方法、教学过程、板书设计等项目。

第一，课题。课题指授课内容的标题，主要是语文课文的题目。

第二，教学目标。语文教学目标要难易适度，课时教学目标应当堂达成，不宜定得过高，同时要注意重点教学目标的设计。教学提倡一课一得，目标教学也要体现这一精神。教学目标设置的具体要求：必须明确陈述的主体对象是学生；必须能体现出语文教学的维度；教学目标的设置必须是明确、集中、恰当、具体的；教学目标的设置必须是可观察、可检测的。

第三，教学重难点。教学重点一般指为达到教学目的，在教学中重点教授的关键性内容，侧重于教师的角度。语文教学难点既包含教师因素也包含学生因素，一般指教师难以讲授的知识和学生难以达成的行为。教学重难点的设置要考虑：重点如何突出，难点如何突破，深度如何把握。

第四，教学方法。在小学语文教学中，教师不应仅是传授知识和技能，更重要的是教会学生主动学习和掌握知识的能力和方法。具体教学方法的设定要遵循：一要优化教法，因材施教，因学而教，顺学而导；二要选择学法，提倡自主、合作、探究式的学法，而学法的指导也要体现自主性、针对性、操作性、差异性和巩固性。

第五，教学过程。教学过程是为达成教学任务而制定的具体实施步骤和措施，是教案的主体部分，在语文教案书写过程中，教学过程是关键。

第六，板书设计。小学语文教案包括随着教案内容展开的随机板书和每一课时的整体板书。

二、小学语文教案编写的创新

小学语文教案编写是教师教学的重要环节，它直接关系到教学的质量和效果。在传统的教学模式下，教案往往是按照教材内容和教学大纲来编写的，注重知识点的传授和讲解。然而，随着教育理念的不断更新和教学方法的不断探索，越来越多的教师开始尝试一些创新的方式来编写教案，以更好地适应学生的学习需求和教学环境的变化。

第一，创新的教案编写方式注重学生的学习兴趣和需求。传统的教案编写往往偏重教师的教学计划和安排，而忽视了学生的学习兴趣和需求。因此，创新的教案编写方式可以更加关注学生的兴趣爱好和学习需求，设计富有趣味性和挑战性的教学活动，激发学生的学习兴趣，提高他们的学习积极性。

第二，创新的教案编写方式可以注重学生的实际能力和学习需求。每个学生的学习能力和学习需求都是不同的，因此，教案编写应当根据学生的实际情况进行个性化设计。例如，对于学习能力较弱的学生，可以设计一些简化版的教学活动，以帮助他们更好地理解和掌握知识；对于学习能力较强的学生，可以设计一些拓展性的教学活动，以满足他们的学习需求。

第三，创新的教案编写方式可以注重学生的综合素养和创新能力。传统的教案编写往往注重知识点的传授和讲解，而忽视了学生综合素养和创新能力的培养。因此，创新的教案编写方式可以设计一些综合性和开放性的教学活动，以培养学生的综合素养和创新能力。例如，可以设计一些项目式的教学活动，让学生通过团队合作来解决实际问题，培养他们的创新意识和实践能力。

第四，创新的教案编写方式可以注重教学资源的多样化和共享化。传统的教案编写往往局限于教师个人的教学经验和资源，而忽视了教学资源的多样化和共享化。因此，创新的教案编写方式可以通过开发和利用各种教学资源，丰富教学内容，提高教学效果。例如，可以利用互联网和多媒体技术，开发各种教学资源，如教学视频、教学游戏等，以满足不同学生的学习需求；同时，可以通过教师之间的共享，促进教学资源的共享化，提高教学效率。

第四节 小学语文教育技能创新——课堂导入

一、小学语文课堂导入的重要作用

"课堂导入是教师在上课之前，按照课本内容激发学生兴趣的方法"[①]，语文课堂导入是教学活动中的第一步，也是开启学习之门的关键一环。一个生动、引人入胜的导入环节不仅可以吸引学生的注意力，激发他们的学习兴趣，还能够为后续的教学内容铺垫、调动学生的积极性、促进学习效果的提升。在小学语文教学中，精心设计的导入环节具有多方面的作用和意义。

第一，语文课堂导入能够吸引学生的注意力，营造良好的学习氛围。对于小学生而言，他们的注意力往往比较容易分散，如果课堂一开始就是枯燥乏味的，学生就很容易失去兴趣，导致学习效果不佳。因此，通过生动有趣的导入方式，如趣味游戏、引人入胜的故事、妙趣横生的情景再现等，可以吸引学生的注意力，让他们在轻松愉快的氛围中投入到学习中去。

第二，语文课堂导入可以引发学生的思考与探究欲望，激发他们的学习

---

① 丁迎淑. 小学语文课堂导入的几点思考 [J]. 南北桥，2019（23）：38.

兴趣。通过设计富有启发性和探索性的导入活动，可以让学生在思考与探究中渐入佳境，主动参与到教学过程中来。例如，可以通过提出一个有趣的问题或挑战，引发学生的思考，激发他们的好奇心和求知欲，从而主动去探索和学习相关知识。

第三，语文课堂导入可以为后续教学内容的展开作好铺垫，引导学生进入学习状态。在导入环节中，可以通过简单的引子或铺垫，将学生的注意力引向本节课的主题或核心内容，让他们对接下来要学习的内容有一个初步的了解和认识，为后续的教学打下良好的基础。这样，学生就能够更好地理解和吸收后续的教学内容，提高学习效果。

第四，语文课堂导入可以调动学生的积极性，提高他们的学习动力。通过设计富有挑战性和竞争性的导入活动，可以激发学生的学习兴趣，提高他们的学习动力。例如，可以设计一些小组竞赛或角色扮演活动，让学生在竞争中学习，通过与他人的比拼激发出更大的学习动力。

第五，语文课堂导入可以促进师生之间的情感交流和互动。通过与学生进行轻松愉快的互动，如分享个人趣闻、讲述有趣的故事、展示精彩的视频等，可以拉近师生之间的距离，建立起良好的师生关系，增强学生的归属感和认同感。这样，学生就会更加愿意与老师合作，更加积极地参与到课堂学习中去。

二、小学语文课堂导入的创新方式

在小学语文教学中，课堂导入是引领学生进入学习状态的关键一环。传统上，课堂导入往往采用教师直接讲解、背诵诗词或者简单的问题提问等方式，但随着教育理念的不断发展和教学方法的不断探索，越来越多的教师开始尝试创新的导入方式，以激发学生的学习兴趣，提高学习效果。

第一，故事引入：故事是引人入胜的，能够吸引学生的注意力，激发他们的想象力和探索欲望。教师可以选择一些富有情节和趣味的故事作为课堂

导入的素材，通过生动的讲述或者角色扮演，引导学生进入故事情境，从而引发他们对语文学习的兴趣。例如，可以选择一些寓言故事、神话传说或者奇幻故事，让学生在想象中体验语文的魅力。

第二，多媒体展示：利用多媒体技术，如视频、图片、音频等，可以将丰富的语言材料呈现给学生，激发他们的视觉和听觉感受，增强课堂导入的趣味性和吸引力。通过展示一些与教学内容相关的视频或图片，可以让学生更加直观地了解和感受语文的魅力，激发他们对语言文字的兴趣。

第三，趣味游戏：游戏是孩子们最喜欢的学习方式之一，可以通过设计一些富有趣味性和挑战性的游戏来进行课堂导入。例如，可以设计一些语言游戏，如成语接龙、诗词接龙、字谜猜谜等，让学生在游戏中学习语文知识，培养语言运用能力，提高学习效果。

第四，问题探究：提出一个有趣的问题或者挑战，引发学生的思考和探究欲望，激发他们的学习兴趣。例如，可以提出一个与教学内容相关的问题，让学生自由发挥想象力和思维，寻找答案或者提出解决方案，从而引导他们进入学习状态，积极参与到课堂活动中去。

第五节　小学语文教育技能创新——课堂提问

提问是语文教学中极为重要的环节之一，它不仅是检验学生学习情况的手段，更是促进学生思维发展和语言表达能力的关键。在传统的教学模式下，教师往往采用直接提问的方式，学生被动回答，缺乏互动性和深度挖掘。但随着教育理念的不断更新和教学方法的不断创新，越来越多的教师开始尝试创新的提问方式，以激发学生的学习兴趣，促进其全面发展。

一、开放性提问

传统上，小学语文教育中，课堂提问往往采用封闭式的方式，这种方式下，问题通常是教师提出的，答案是明确的，学生只需简单地回答即可。这种教学方式虽然可以快速检查学生对知识点的掌握程度，但却容易陷入单一的知识传授模式，缺乏足够的互动和思维深度。然而，在当今教育的发展趋势下，创新的提问方式开始受到重视，这种创新的方式更注重问题的开放性，它们不仅激发了学生的思维，也鼓励他们进行自由的思考和表达。例如，教师可以提出一些引人深思的问题，如"你认为故事中的主人公为什么会做出这样的选择？"或者"你在故事中有什么感受和体会？"这类问题不仅引导学生思考，还促进了他们对故事情节的深度理解和情感体验。这样的提问方式为学生提供了更多的自主探究空间，激发了他们的思维活跃度，有助于培养学生的批判性思维和创造性思维能力。

开放性的提问方式为小学语文教育注入了新的活力，它不仅是为了获取答案，更是为了引导学生主动思考和探索。通过这种方式，学生不仅能够获得知识，还能够培养批判性思维和创造性思维，提高问题解决能力。此外，开放性提问还可以促进学生之间的交流和合作。当一个问题被提出时，学生们往往会积极讨论，分享各自的看法和观点，从而形成一个积极互动的学习氛围。这样的互动不仅加深了学生对知识的理解，还培养了他们的沟通能力和团队合作精神。因此，开放性提问已经成为小学语文教育中的一种重要教学策略，为学生的综合素养和学科能力的提升提供了有力支持。

二、启发性提问

在小学语文教育中，启发性提问是一种重要的教学方式，它能够激发学生的思维，引导他们通过自主思考和探究来解决问题。相较于传统的封闭式提问，创新的启发性提问方式更注重引导学生深入思考，并激发他们的求知欲和思考欲望。例如，教师可以提出一些引导性的问题，如"你认为作者为什么选择这样的标题？"或者"你能从文中找到哪些细节支持你的观点？"这样的问题不仅能够引导学生对课文进行深入分析，还能够促进他们进行自

主学习和思考能力的发展。

启发性提问的优势在于激发学生的探究欲望和自主学习能力。通过提出引人深思的问题，教师能够引导学生思考问题的背后含义，激发他们主动探索和思考的动力。例如，教师可以通过提问引导学生思考作品的主题、作者的写作意图等问题，让他们自主分析课文，探索其中的内涵和意义。这样的启发性提问方式不仅能够激发学生的学习兴趣，还能够促进他们的自主学习和思考能力的发展，培养他们独立思考和解决问题的能力，为他们未来的学习和生活打下坚实的基础。因此，启发性提问在小学语文教育中具有重要的意义，应当得到更加广泛的应用和推广。

三、思维导图提问

在小学语文教育中，创新的提问方式可以结合思维导图等工具，以帮助学生更好地组织和表达自己的思维。思维导图是一种图形化的工具，能够清晰地展现出思维的结构和逻辑关系，帮助学生更加直观地理解和记忆知识，提高学习效率。例如，教师可以设计一些思维导图，将问题与相关知识点联系起来，并引导学生通过填写或者绘制思维导图来回答问题，这样的提问方式不仅能够让学生更加深入地理解问题，还能够帮助他们更好地组织和表达自己的思维，促进思维的发散和联想。

通过结合思维导图等工具，教师能够更好地引导学生进行思维的组织和表达。思维导图能够帮助学生将零散的信息整合起来，形成一个清晰的思维结构，帮助他们更好地理解和记忆知识。例如，教师可以设计一些思维导图，将教学内容按照逻辑关系和层次进行分类，然后引导学生通过填写或者绘制思维导图来总结和归纳所学知识。这样的提问方式不仅能够帮助学生更好地理解和记忆知识，还能够促进他们对知识的深入思考和理解。同时，通过展示学生的思维导图，教师能够更直观地了解学生的思维过程和思维结构，有利于及时发现和解决学生的问题，提高教学效果。因此，在小学语文教育中，结合思维导图等工具的提问方式具有重要的意义，能够有效地促进学生的思维发展和学习效果的提升。

第六节　小学语文教育技能创新——课堂板书

板书是教师和学生根据语文教学的需要，在黑板上用文字、图形、线条、符号等再现和突出教学主要内容的活动。板书书写是小学语文课堂教学的重要组成部分，是一种重要的教学手段。板书书写要力求简明实用、形象直观、构思精巧，以增强课堂教学的吸引力、启发性和感染力。板书的格式多种多样，应用最多的是提要式、词语式、图示式、表格式等。不论采取哪一种形式都必须做到：一是内容要确切，外形要规范。板书的内容，要重点突出，详略有别，确切，层次分明。板书的外形，要讲究规范，大小适当，工整醒目，严防模糊潦草，杂乱无章。二是要合理布局，新颖别致。板书的布局，要讲究格式，选择位置，合理而清楚地分布在黑板上，使学生易于观察和理解。设计板书，要注意新颖别致，用以集中学生的注意，引起学生的兴趣，激发学习的积极性，获得最佳教学效果。

当前，随着教育理念的不断更新和技术手段的不断发展，越来越多的教师开始尝试创新的课堂板书方法，以提高学生的学习兴趣、促进思维发展和语文素养的提升。

一、多媒体板书

传统的黑板板书逐渐被多媒体板书所取代，多媒体板书通过电子白板、投影仪等设备展示文字、图片、视频等多种信息形式，使得板书更加生动、直观。例如，在讲解诗词时，教师可以利用多媒体板书展示相关的诗词原文、插图、背景介绍等内容，让学生在视觉和听觉上都得到充分的感受，更好地理解诗词的意境和内涵。此外，多媒体板书还可以引入互动元素，如让学生

在电子白板上填写答案、拖动相关图片进行匹配等，增加了学生参与的机会，激发了他们的学习兴趣和积极性。

多媒体板书的创新方法在于利用现代科技手段丰富板书内容，使得传统的板书更具活力和趣味性。它不仅能够吸引学生的注意力，提高他们的学习兴趣，还能够促进他们的思维发展和语文素养的提升。通过多媒体板书，学生不仅可以更直观地理解和记忆知识，还能够培养他们的数字素养和信息素养，提高他们的学习效率和创造力。

二、主题板书

主题板书是指根据教学内容的主题特点进行设计的板书形式。传统的板书往往是按照知识点进行归纳和总结，而主题板书则将板书内容与教学主题相结合，突出主题重点，使得板书更具有针对性和导向性。例如，在讲解一篇古诗文时，教师可以通过主题板书将文本内容、作者生平、时代背景、艺术特点等信息结合起来，形成一个整体的思维导图，帮助学生更清晰地把握文本的内涵和意义。此外，主题板书还可以根据学生的学习需求进行个性化设计，如设置思维导图、案例分析、问题探究等板书形式，以满足学生不同层次和兴趣的需求。

主题板书的创新方法在于以主题为纽带，整合教学内容，使得板书更加有序和系统。它能够帮助学生更好地理解和把握知识点，梳理思维结构，培养综合分析和归纳总结能力。通过主题板书，学生可以更清晰地看到知识点之间的内在联系和逻辑关系，提高他们的学习效果和理解深度。

三、交互式板书

传统的板书往往是教师单向呈现给学生的，而交互式板书则强调教师与学生之间的互动和合作。例如，教师可以设计一些交互式板书活动，如板书填空、板书连线、板书排序等，让学生通过参与板书设计和完成板书任务来加深对知识点的理解和记忆。此外，教师还可以根据学生的反馈情况进行实时调整和修改，使得板书更加符合学生的学习需求和水平。

交互式板书的创新方法在于强调教师与学生之间的互动和合作，使得板书更加生动和具有参与性，它能够激发学生的学习兴趣，增强他们的学习动力和自主学习能力。通过交互式板书，学生不仅可以更深入地理解知识点，还能够培养他们的合作精神和团队意识，提高他们的沟通能力和解决问题的能力。因此，交互式板书是一种有效的教学方式，值得在小学语文教育中进行推广和应用。

第五章
小学语文教学方法与模式多元化

第一节 小学语文教学方法的设计与运用

一、小学语文教学方法的设计

（一）小学语文教学方法设计的依据

1. 依据教学目标

教学目标是教学方法设计的第一依据。针对识记、了解层面的目标，可以设计讲授法、演示法；针对理解、领会层面的目标，可以设计谈话法、讨论法、读书指导法等；针对应用层面的目标，可以设计练习法等。教学目标有单一目标和综合目标，针对综合目标设计的教学方法可能也是综合的，针对单一教学目标设计的方法可以单一，也可以是综合多样的。

2. 依据教学内容

不同的教学内容确实需要根据其特性和学科特点选择不同的教学方法。以拼音教学为例，尤其是在拼读音节的教学中，大量使用练习法是非常有效的。通过反复练习，学生可以更好地掌握拼音规则，提高发音准确性，从而夯实语言基础。

在诗歌与散文的教学中，情境教学法则能够更好地激发学生的情感体验和文学鉴赏能力。通过创设相关情境，学生可以更深刻地理解和体验文学作品的情感表达，培养对文学的独特感悟。至于小说（故事）的教学，则适合采用读书指导法或讨论法等互动性较强的教学方法。通过引导学生进行深入的阅读、分析和讨论，不仅可以拓展学生的思维深度，还能培养他们的批判性思维和文学鉴赏能力。

因此，合理选择教学方法是语文教学中的重要一环。根据教学内容的性质和学科特点，精心设计和灵活运用不同的教学方法，有助于提高教学效果，使学生在语文学科中更全面地发展。

3. 依据学情分析

学情主要是指学生的年龄特点与个性差异。例如，角色扮演法对低年级学生而言是很适合也很受欢迎的方法，但发现法和讨论法在低年级的使用效果就比高年级要差。低年级适合设计活动形式和游戏形式的方法。又如，有的学生通过读书指导法自己探索获得的知识可能难以留下深刻的印象，但结合教师的讲授（归纳、总结），则更容易留下深刻的印象，对这类学生，教师就要结合使用讲授法。学情影响教学方法的设计，因此教师要清楚所授班级学生的个性与特点，并充分考虑这些因素，有针对性地在不同的环节或者同一环节针对不同的学生设计不同的教学方法。

4. 依据教师个人

同样的教学内容，不同的教师会设计不同的教学方法，教学方法设计也能体现教师个人的素质和教学风格。教学方法设计需要教师结合自己的能力与素质，还要考虑自己的教学风格。有的教师多媒体运用技术水平高，他就可以较多地设计使用多媒体手段的教学方法，朗诵能力强的教师，可以适量多设计示范（演示）的方法。有的教师擅长辩论或擅长组织讨论，讨论法的设计就能很好地体现其特点与风格。小学语文教学方法设计过程中要注意其他教师设计使用的方法并不一定也能适合自己，教学方法要依据教师个人的

能力素质与教学风格设计。

5. 依据教学条件

教学条件是客观存在的，因此在小学语文教学方法设计中，需要根据实际情况合理选择适用的方法，并不应超越自身教学条件。例如，在设备条件受限的情况下，实验法的应用可能会受到制约，如果没有多媒体设备，也就难以设计和运用多媒体手段的教学方法。

教学时间的限制也是一个重要的考虑因素。在有限的教学时间内，过度设计依赖发现法或讨论法等，时间较为密集的教学方法可能难以完成教学任务。因此，在设计教学方法时，需要充分考虑教学条件的限制，确保选用的方法既符合实际条件，又能够有效达到教学目标。这种合理性和务实性的方法选择有助于提高教学的实际效果，使教学更加切合实际，更易于实施。在不同的教学条件下，教师可以灵活运用各种教学方法，以达到在当前条件下最优的教学效果。

（二）小学语文教学方法设计的规则

随着教育教学研究和实践的推进，教学方法体系越来越完善，教学方法越来越多，在名称不一且种类繁多的教学方法中选择适宜自己所授课程的教学方法并不是件容易的事情。现实中，很多教师在教学方法的选用上较为随意，大多为应付教学设计或教案构成部分之需要，任意选择若干个教学方法，最终的结果是，实际教学过程中并未真正运用这些方法，或者选用的那些教学方法根本就没有在教学中体现出来。选择教学方法不可随意，需要遵循一定的基本规则。

教学方法可根据不同标准进行分类。在教学设计中，通常需要在同一分类标准下选择具体的教学方法，以防止出现名称不同但实际方法相同的情况。目前，按照教学目标进行分类是最常见的方法之一。以下以此分类为例，说明如何选择教学方法。

选用按教学目标为标准分类项下的教学方法，关键是先确定教学目标，确定教学目标后才可以选择教学方法。例如，在某些课时中，基本任务和目标是对学生进行情感熏陶，这类课主要以树立理想、涵养情操、形成品德和健全人格为教学目标，可以选用的教学方法包括情境教学法、欣赏教学法、暗示教学法等。

就综合目标而言，如识字写字教学，一般就具有以获取知识、丰富经验、发展智力和启迪思维为教学目标和以获得技能、生成技巧、养成习惯和熟练操作为教学目标等多重目标，对应各目标，可选择的教学方法包括讲授法、谈话法、讨论法、读书指导法、发现法、练习法、实习作业法、实验法、演示法、参观法等。综合目标下，可选用的教学方法就比较多，也很灵活。但目标综合并非表示选用的教学方法越多越好，教学方法要典型，要实用。

单一目标与综合目标并非绝对的，实际上按照素质教育的要求，所有课堂教学的目标都不应该是单一的，本书作如此说明，仅是为了表述方便和便于理解而已。

（三）小学语文教学方法设计的内容

1. 差异化教学法

差异化教学是一种根据学生的学习特点、水平、兴趣和需求进行有针对性的教学设计的方法。在小学语文教学中，采用差异化教学可以更好地满足学生的差异，激发他们的学习兴趣，提高学习效果。以下将深入探讨差异化教学的重要性和实施方式。

（1）差异化教学的核心理念是充分认识和尊重学生的差异性。每个学生都是独一无二的，拥有不同的学科认知能力、学习风格和兴趣爱好。因此，教育者需要深入了解学生，发现他们的个体差异，为其量身定制合适的教学方案。在小学语文教学中，这意味着教师要综合考虑学生的语言水平、阅读能力、兴趣特点等方面，制订差异化教学计划。

（2）差异化教学可以通过不同形式的教学任务和活动实现。在语文教学中，可以根据学生的兴趣，设计丰富多彩的阅读任务，包括文学作品、历史故事、科普知识等。通过选择多样性的学习材料，满足学生对不同领域的好奇心，使他们在学习中更加主动、积极。

（3）差异化教学还可以在教学方法上进行创新。对于掌握拼音的教学，可以采用多样的方式，如游戏教学、音乐教学、小组合作学习等。不同的学生可能对不同的教学方法有着更好的适应性，通过差异化的设计，可以更好地满足他们的学习需求，提高学习效果。在实施差异化教学时，教师还需及时收集学生的学习数据，进行评估和调整。通过常规的评价工具，例如课堂观察、作业表现、小组合作等，教师能够更全面地了解学生的学习状态，及时调整差异化教学策略，确保每个学生都得到适宜的支持和指导。

（4）差异化教学有助于培养学生的自主学习能力。通过提供个性化的学习机会，激发学生对知识的主动探索欲望，培养他们的学习兴趣。在小学语文教学中，这有助于学生建立起对语文学科的积极态度，形成持续学习的良好习惯。

2. 多元化教学法

小学语文教学的多元化教学方法是为了更好地满足学生多样化的学习需求，促使他们在丰富的教学环境中更全面地发展。综合运用多种教学手段，如讲授、示范、互动和游戏等，可以使课堂更加生动多样，提高学生的参与度和专注力。以下将深入探讨这些多元化教学方法的设计和实际运用。

（1）讲授是传统的教学手段之一，通过教师言传身教，向学生传授语文知识。在小学语文教学中，讲授可以用于引入新知识、讲解规则和原理等，使学生建立对语文知识的初步认识。然而，在讲授的过程中，要注重生动形象的语言表达，避免过于枯燥单调，以激发学生的学习兴趣。

（2）示范是通过教师的示例来引导学生学习。例如，在语文写作教学中，教师可以展示一篇优秀的作文，解读其中的表达技巧和结构，激发学生的写作灵感。通过示范，学生能够直观地理解学科知识的应用，提高学习效果。

（3）互动是强调学生与教师、学生与学生之间的积极互动。通过提问、讨论、小组活动等形式，激发学生思考，培养他们的批判性思维和合作能力。互动教学能够拉近师生关系，使学生更愿意参与课堂活动，积极表达自己的观点。

（4）游戏是在轻松愉快的氛围中进行学习活动。在小学语文教学中，可以设计语文游戏，如字词接龙、语言竞赛等。通过游戏，学生在放松的状态下能够更好地理解和应用语文知识，提高学习的趣味性和吸引力。

总而言之，综合运用这些教学方法，可以使小学语文教学更加多元化和灵活。在一个综合的教学过程中，教师可以灵活切换不同的教学手段，根据学科内容和学生需求合理选择。这不仅能够提高课堂的活跃度，还能更好地满足学生的学习需求，使他们更全面地发展。在实际应用中，教师应根据具体的教学内容和学生特点，巧妙地设计和组织这些教学方法的组合。通过不同手段的交替运用，课堂不仅生动有趣，而且更符合学生的学习习惯，更容易引起他们的兴趣和主动参与。这样的多元化教学方法不仅有利于学科知识的深入学习，也有助于培养学生的学习主动性和创造性。

3. 实践性教学法

在小学语文教学方法设计中，实践性教学法被广泛应用，其核心理念是将小学语文知识与实际生活有机地结合起来，通过实地考察、实际写作等方式，让学生在实践中深入理解和灵活运用语文知识。实践性教学不仅丰富了课堂教学内容，而且促使学生在实际情境中培养对语文的深刻理解和实际运用能力。

（1）实践性教学法注重将课堂知识与学生的日常生活相结合。通过选取与学生实际生活紧密相关的话题，教师可以引导学生通过实地考察、观察等方式，深入了解语文知识在实际中的运用情境。例如，通过参观古迹、社区文化等，学生可以亲身感受语文知识在现实生活中的实际运用，增强学科的实用性和可感性。

（2）实践性教学法注重培养学生的实际操作和实践运用能力。在小学语文教学中，这体现在写作、口头表达等方面。通过组织学生实际动手写作，例如写信、写日记、创作小故事等，可以让他们将所学的语文知识运用到实际中，提高语文表达的能力。同时，在小组讨论、角色扮演等实践活动中，学生能够积极参与，锻炼语言交流和表达能力。

（3）实践性教学法注重激发学生的学习兴趣。通过丰富多彩的实践性教学活动，可以调动学生学习的积极性，使其更加主动地投入到语文学科的学习中。例如，在实地写生、参观博物馆等实践性教学环节中，学生能够在实际中感受到语文的美、深度，从而培养对语文学科的浓厚兴趣。

总而言之，实践性教学法的应用，旨在让学生在实际生活中学会运用语文，使他们在理论知识的基础上获得实际技能。通过实际操作，学生能够更深刻地理解语文规律，培养解决实际问题的能力，提高语文学科的实际运用能力。在实践性教学的设计中，教师需要根据学生的年龄、认知水平和学科特点，巧妙地组织实践活动，确保活动既能够贴近学生的实际生活，又能够达到语文学科的教学目标。通过精心设计实践性教学法，可以使小学语文教学更具趣味性和实用性，从而更好地促进学生的全面发展。

4. 信息技术教学法

在小学语文教学方法设计中，充分利用现代信息技术，如多媒体、互联网资源等，对于丰富教学内容、增强互动性、提高学生对语文学科的兴趣具有重要意义。随着科技的不断发展，数字教学资源为语文教学提供了新的可能性，可以使课堂更加生动有趣，满足学生多样化的学习需求。

（1）多媒体资源能够直观生动地呈现语文知识。通过图文并茂的多媒体展示，教师可以将抽象的语文概念呈现得更加具体形象，提高学生对知识点的理解和记忆。例如，在讲解古诗时，通过播放相关的音频和视频，可以帮助学生更好地领会古代诗歌的韵律和情感表达。

（2）互联网资源为语文教学提供了广泛的信息来源。教师可以借助网络平台，引导学生通过检索、阅读各种文献、文章，扩展语文知识面。这不仅拓宽了学生的学科视野，还培养了他们主动获取信息和解决问题的能力。

（3）数字化教学还可以通过互动性的设计提高学生的参与度。例如，设计在线互动问答、语言游戏等活动，让学生在参与中体验语文知识的乐趣，激发他们对语文学科的浓厚兴趣。通过互动，学生能够更积极地投入到学习过程中，形成良好的学习氛围。

（4）数字化教学资源的应用也有助于个性化教学。教师可以根据学生的学科水平和兴趣，选择不同难度和风格的数字化教学资源，提供个性化的学习支持。这有助于满足学生差异化的学习需求，让每个学生都能在适宜的水平上学习语文知识。

需要注意的是，在充分利用数字化教学资源的同时，教师也需要注意保持教学内容的质量和合理性，防止信息过载和内容碎片化。合理引导学生使用数字资源，培养其批判性思维，提高信息的筛选和评估能力，是数字教学的一个重要方面。

二、小学语文教学方法的运用

（一）小学语文教学方法运用的常用策略

第一，重视教学方法中人的因素。方法是人使用的方法，教学方法改革依赖于使用教学方法的教师素质的提高。同样的教学方法，在不同的教师手中会产生不同的教学效果。教学方法多种多样，在具体的教师那里，教学方法更显得灵活多样。所谓"教学有法，教无定法，贵在得法"，除了讲教学方法的多样性外，还要求教师掌握并灵活运用各种教学方法。另外，教学方法是教与学相互作用的活动纽带，教学方法的运用不只是教师的事，还依赖学生的参与，依赖师生之间的积极互动。教师在运用各种教学方法的过程中，

还要善于调动学生的主动性和积极性，善于和学生交往、互动，提高教学效果。

第二，正确处理继承和发展的关系至关重要。任何教学方法都有其历史渊源。在运用教学方法时，既要批判地继承历史上总结出的各种教学方法，不能简单否定传统教学方法，又要处理好新课程倡导的教学方法与传统教学方法之间的关系。同时，也需要善于对历史和现实中的各种教学方法进行创造性的发展，促进教学方法的创新。

第三，综合运用多种教学方法。单一的教学方法总有各种不足，教师要在教学中综合运用多种教学方法。教师综合运用多种教学方法的前提是要认真钻研各种教学方法的特点、作用、适用范围和使用禁忌，在具体教学中选择运用恰当的教学方法，并将这些教学方法进行优化组合，取各种教学方法之"长"而避其"短"。教学方法不是孤立的，方法之间存在关联，互相渗透，任何一种教学方法的作用都是有限的，单纯运用某种教学方法难以取得好的教学效果。

（二）小学语文教学方法运用的优化方式

小学语文教学方法的运用要追求实现教学方法的最优化，教学方法的最优化是教学实践取得最优效果的重要保证，也是锻炼与提高教师教学艺术水平的重要途径。

1. 选择最优化教学方法的依据

如何才能在教学实践中恰如其分地选定此时此地此情此景下效果最优的教学方法，就需要教师注意依据以下面进行慎重选择，正确决策：

（1）根据教学的目的和任务。教学方法是实现教学目的和完成教学任务的手段，不同的教学目的和任务，要求运用不同的教学方法。任何教学方法都是为一定的教学目的和任务服务的。教师必须注意选用与教学目的和任务相适应并能实现教学目的和任务的教学方法。

（2）根据教学内容的性质和特点。教学目的和任务是通过教学内容来实现的，教学内容的性质和特点不同，就应选用不同的教学方法。只有选用的教学方法与教学内容的性质和特点相符合，才能使教学内容发挥出更大的效益。

（3）根据教学对象的实际情况。教学对象的年龄、性别、经历、气质、性格、思维类型、审美情趣等因素的不同，也对教学方法提出不同的要求。只有选用与此相适应的教学方法，才能真正有效地提高教学对象的知识能力和思想水平，促进其健康向上的发展。

（4）根据教师自身素质及所具备的条件。教师自身的素养条件和驾驭能力，直接关系到选用的教学方法能否发挥其应有的作用。教师应对自身素养及所具备的条件实事求是地进行分析，根据其特点和条件选用恰当的教学方法，以扬长避短。哪怕别人行之有效的方法，也不可盲目照搬。这样才能确保教学方法运用自如。

（5）根据教学方法的类型与功能。每种教学方法都具有不同的特点与功能，教师应认清各种教学方法的优缺点，把握其适应性和局限性，或有所侧重地使用，或进行优化组合，不可盲目地选用教学方法。教学方法的选择与使用，体现着教师的智慧，标志着其教学艺术水平的高低。

2. 最优化教学方法的具备条件

最优化的教学方法只能产生并成熟于教师广泛而深入的教学艺术实践，最优化的教学方法应具备以下条件：

（1）认同感。一种教学方法能否被接受者认同，直接影响到其作用能否卓有成效地发挥出来。如果教师所采用的教学方法既能使学生在理智方面认同，又能使其在情感方面认同，则说明这是一种优化的教学方法。否则，就难以保证教学方法的实效。认同感是衡量最优教学方法的首要条件。

（2）参与度。参与度主要指一种教学方法的使用过程中，教师与学生的参与程度及其积极性水平，以至师生关系是否融洽，能否心领神会地默契配合与协作，是否达到思维共振与感情共鸣。教学艺术的生发点便是师生在教学过程中的交流与合作，因此，最优化教学方法应该具备较高的师生参与度，较好地体现出教学的民主性。

（3）综合化。最优化的教学方法必须是克服了每种类型方法的局限性，而在其功能、效果、手段等方面呈现出综合化特点的教学方法。因为它综合了各种方法的优点和长处，所以才能发挥出整体最优的功能。不过，综合化不是面面俱到，而是"集优化"；也不是优点的简单相加，而是经过优化组合的新的整体。

（4）时效性。时效性指最优化的教学方法既要能取得最佳效果，又要能达到最高效率，是高效果与高效率的统一。优质高效、省时低耗应当是现代教学方法追求的根本目标。那种效果虽好，但耗时太多；或效率虽高，但效果不佳的教学方法，不能算是最优化的教学方法。双效统一是衡量最优教学方法的又一尺度。

（5）审美值。最优化的教学方法应该符合美的规律和原则，能给学生带来美的感受，从而使其本身也成为审美的对象。最优化的教学方法即是艺术性的方法，使用最优化教学方法进行教学就是一种艺术性的劳动，审美也成为其不可缺少的因素。具有审美价值的最优教学方法注意寓教于乐，使学生在不知不觉中受到深刻的教育。

第二节 小学语文探究式教学模式的构建

探究式教学是培养学生自主学习和探究能力的一种新型教学方法，"其具体做法是在教学活动中，教师充分发挥学生的主体作用，启发引导提出问题，并通过自主学习和合作讨论，自主寻求问题的答案，在自主探究的过程中，激发学生的求知欲望和质疑能力，培养学生自主获取新知识、解决新问题的能力"[①]。在探究式教学中，教师必须用发展的目光来审视现有的教学方法，

---

① 刘选德. 浅析如何实施小学语文探究式教学 [J]. 软件（电子版），2020（1）：44.

紧跟时代发展的脚步，转变固有观念，更新教育教学思想，用新课程理念引领现代的基础教育实践不断得到发展。关于教师探究式教学的内容包含四个方面：① 教师需要培养学生自主探究学习能力；② 教师要注重学生好奇心培养，引导学生温故知新的能力；③ 教师要完善教学时间分配，下达明确的教学任务；④ 教师要注重教学理念的探究更新和改进。

探究式学习注重对生活的感受与体验，强调课堂上学生表现的亲身经历，探究式实践活动以学生需要、动机、兴趣和直接经验为基础，建构了一个更贴近学生真实学习世界的新的课程领域。

一、以教学资源素材为依据，开展实践学习

小学语文探究式教学资源分为语文课堂教学资源和课外学习资源两部分。教科书是小学语文课堂教学资源的重要组成部分，学生在学校时主要进行语文课堂学习。教师的目标是提高教学效率，改善教学方法，并关注班级学生的个性化发展。教学活动的相关研究不能与日常教学模式分离开，因此，教师要以教学资源素材为依据，充分利用好课堂将生活中丰富的语文知识与教材相结合，建立开放的语文教学，开展综合性的语文实践教学，激发学生学习小学语文的兴趣。教师可利用的资源主要包括：① 自然、生活中的资源。学生对于观察大自然具有很高的专注度，让学生发现身边的事物，更容易帮助他们理解词语。② 利用图书馆、网络等渠道获取信息，研究作品写作背景。在信息社会时代，学生获取信息的渠道有很多，教师要设置学生感兴趣且依靠课文不能解决的疑问，让其积极主动地学习。③ 开展小组合作。教师要鼓励学生之间用不同的方式学习、表达，培养学生合作、探究的精神。

二、以综合实践活动为依据，促进个性发展

小学语文类教育资源非常丰富，各种实践活动为教育工作者提供了更好的

教学手段。小学综合实践活动以学生的亲身经历为基础，紧密结合学生的日常生活和社会实践，展现了知识的综合运用。小学综合实践活动主要包括：① 由课本延伸的小学语文综合践行活动课。教师在这类活动中，应该及时给予学生鼓励，使学生在下次的活动中，更加积极主动，促进学生从"能诵—能做—能画—能写—能演"进行思想上的转变。② 与其他基础学科相融合的小学语文综合践行活动。小学语文综合实践学习倡导的是跨领域学习，与其他课程相结合，使学生开阔视野，提高学习效率。小学语文更容易有效融合其他的基础学科，在其他基础学科的辅助下，有利于培养学校学生的综合素质，提高学校学生的小学语文能力。③ 同社会生活、自然现象相联系的小学语文综合践行活动生活。学生可以通过观察社会生活和自然现象中的问题，展开实践活动，进行探讨和研究性学习，从而实现小学语文探究式教学在课内外的联系，促进校内外的交流，实现基础学科的融合。教师应当因地制宜，充分利用当地资源，巧妙地将探究式教学课程融入生活中，使课程更富有人文情感，激发学生的学习兴趣。

第三节　小学语文的智慧化课堂教学模式

在数字化、信息化的时代，教育领域也在不断进行变革与创新。智慧化教育以其强大的信息技术支持，逐渐渗透到各个学科领域，其中小学语文智慧化课堂教学模式成为备受关注的焦点。"智慧化课堂的核心是开发利用各种新媒体和新技术，营造有利于协同探索和意义建构的智慧化学习环境，推动全体学生实现符合个性化成长规律的智慧化发展"[①]。

一、小学语文智慧化课堂教学模式的主要特点

第一，教师专业发展层面的特点：教师作为课堂的核心，其专业水平对

---

① 高雅洁. 小学语文智慧化课堂教学模式探索［J］. 中华活页文选（教师版），2022（4）：30.

智慧化教学效果产生直接影响。为此，学校有责任提供相关培训和支持，以帮助教师熟悉并娴熟运用新的技术工具，提升其信息化水平。通过系统的培训，教师能够更深入地理解智慧化教学的理念和方法，掌握先进的教育技术应用，从而更好地适应数字化时代的教学需求。学校的培训和支持措施有助于构建一支富有创新力和适应性的教师队伍，为学生提供更高质量的智慧化教学服务。

第二，平台选择与整合层面的特点：学校在选择智慧化教学平台时，需要充分考虑实际情况，选用符合学科特点和学生需求的平台。确保所选择的平台能够与其他学科教学平台有效整合，形成一个协同作用的全面系统。这种整合不仅能够充分发挥各平台的优势，还有助于构建更为丰富、多元的教学资源体系，为学生提供更全面的学科学习支持。通过整合不同平台的教学资源，学校可以更好地满足多样化的学科需求，为教学创新提供有力保障。

第三，互动设计层面的特点：在强调课堂的互动性方面，通过引入多元化的在线讨论和实时投票等交互式手段，不仅能够激发学生的积极参与，还有助于建立更加生动活泼的课堂氛围。学生可以在实时讨论中分享观点、提出问题，促使思想碰撞，为语文学科的深入理解提供更多的视角。这种互动性设计不仅拉近了师生之间的距离，更培养了学生的表达能力和团队协作精神，为课堂教学注入了更多活力。

二、小学语文智慧化课堂教学模式的重要价值

信息化时代，小学语文教学工作的开展要重视对传统教学手段的有效应用，更要以培养和发展学生核心训练理念为依托，推进智慧化课堂构建，满足学生多元化学习需求，增强教师教学创新意识。当网络技术越来越多地成为我们教育生态的一部分的时候，多元化的语文教育也必然会发生革命性的裂变和系统性的重构。以实现智慧教育理念和培养学生智慧能力为根本目标的智慧化课堂与传统课堂相比，课堂学习方式的多元化，满足学习者的自主

性、个性化和泛在学习的需求，在培育学生核心素养方面具有更明显的优势。小学语文智慧化课堂主要特点和教学价值主要体现在以下方面：

（一）促进自主建构与协作分享相融合

在信息化时代，全球教育资源无缝整合和共享的步伐不断推进，学习者个性化学习的要求也愈加强烈。在"以人为本"为核心理念的小学语文智慧化课堂中，教师是引导者和促进者，更多地启发和引导学生"悟"道，学习者掌握更多主动权，同时获得较大的思维锻炼空间。学生以一个"主人"的身份，充分发挥主观能动性，以适合自己"个性"的方式，灵活地选择学习资源，自由地安排学习方式，积极利用网络、智能终端、现代信息技术等技术与设备自主获得各类信息进行建构。

根据建构主义学习理论，知识是主动建构的，而不是被动接受的。如果没有主体的主动建构，知识是不可能由别人传递给主体并被主体所内化的。知识的意义不能机械地灌输给学生，必须靠学生根据其个人先前的知识经验主动建构。因此，如果没有学生的自主建构，就不可能有他们智慧的迸发，也就不可能有智慧化课堂的出现。大数据时代催动着知识的快速发展与更新，各种知识构成了一个连通的空间，人们的生产、生活将更需要通过群体活动来完成。面向未来的核心素养需要教师注重对小学生协作能力的培育。小学语文智慧化课堂应进行多维沟通。学习不仅是个体的独立行为，许多基于情境的任务都需要学生有效地分工、协作和分享。借助网络技术，将任务协作小组中每个成员个别的、分散的记忆、认知、情感和能力等聚合起来，形成巨大的学习能量；通过协作探讨问题、交流观点，集智取长，深化理解，思维的火花将在分享协作中迸发。

小学语文智慧学习活动打造了集体智慧发挥的场域。学习者自主探究形成的内部网络和协作分享构成的外部知识网络相互连通，有助于学习者连通新知识，保持知识的时代性，并在知识的流动、技能的迁移与创造中，培养学习者的文化思维和连通能力。

（二）促进个性思辨与多元探究相融合

当前，数字技术和创新理念深度融合，正在速度迅猛发展，开创了"人类—技术—创新—智慧"的协同进化。

小学语义学习的目标应当是创造一种"生成场"的氛围。小学语文智慧化课堂被构想为学生思维不断生长的场所，同时也是实践探究的实验场。在学习的过程中，学生需要进行持续的思考、比较、筛选、提炼和融合，进一步深入质疑并探究问题，以辩证客观的态度进行思考，保持包容和悦纳的心态，像筛沙取金一样，不断凝练提升自己的见解。这样的新型教学方法相较于传统教学，更有助于培养学生敢于进行深入探究的精神，促使理性思维和批判性质疑的能力得以形成，使学生具备较强的现代信息意识和技术运用的能力。

在智慧环境中，学生被鼓励独立地发现问题并进行实验，最终得出结果或结论。智慧环境提供了多种信息手段，为学生验证结果提供了强有力的支持，这种解决问题的方法倡导学生更加主动地参与学习，从而改变了传统以教师为主导的学习方式。采用探究式问题解决的方式，不仅提升了学生的探索精神，同时也促进了实践创新能力的发展。

（三）促进实时评价与科学延展相融合

随着云时代的来临，大数据与云计算如影随形，为教学提供了基于数据的科学分析。教师可以通过不同平台的数据统计工具开展在线检测，即时获得学生学习情况的数据，从而形成有针对性的评价，实现教师轻松、科学的"经验积累"，为进一步的教学提供科学依据。教师可以根据不同的训练点设计不同的题型。例如，客观题，根据全班答题正确率，得到学生对课本知识技能掌握情况的精准了解，从而帮助教师决策这个知识点是否可以继续教授或必须停留，是延续还是及时调整教学策略。主观题，教师通过对答题情况的及时浏览、比较，发现几种有代表性的观点，可以引发学生去思辨、争论，

从而越来越接近真实，使学生自主建构意义。学生的学习数据可以保存，而且同一个发展方面的数据在不断生成，因此从一个阶段来看，就形成了能准确反映班级或学生个体在语文学习发展的状态图表。教师或学生都可以根据这一图表进行理性分析和判断，形成比较科学的过程性评价，为学生的后续发展提供更加客观准确的指导。

实时检测便于教师根据数据能够及时调整教学策略，科学地开展拓展延伸。根据长期的数据积累，教师能有效地掌握学生的个性化步调，为学生制订科学的学习计划，提高教学效率。在运用数据进行评价的过程中，智慧化课堂紧扣学习者的实时反馈情况，科学地开展学科拓展学习活动，以挖掘学科的深度与广度。

三、小学语文智慧化课堂教学模式的建构要求

小学语文智慧化课堂的建构是一个全面而深刻的任务，旨在创造一个促进学生全面素养发展的学习环境，这一过程中需要关注各个层面，包括教育理念、教学设计、教学手段等多个方面。以下探讨小学语文智慧化课堂建构的要求和注意点：

（一）确立清晰的教育理念

构建小学语文智慧化课堂的首要要求之一是确立清晰的教育理念。教育理念作为整个智慧化课堂建设的指导原则，其核心理念应聚焦于培养学生的全面素养、创新能力和批判性思维。在智慧化课堂的框架下，教育理念要求摆脱传统的灌输式教学范式，强调学生的主体地位，注重对个性差异的尊重，以促使学生成为具备主动参与和独立思考能力的学习者。

第一，教育理念要在培养学生的全面素养方面有所体现，这包括但不限于语言技能、文学鉴赏、创意表达等多个方面。教育理念应当强调通过语文学科的学习，培养学生综合运用语言的能力，使其在沟通、表达和文学欣赏

等方面都能够得到全面的提升。这涉及在课堂中创造出多样的学习机会，让学生在不同的语境中锻炼和发展自己的语言技能。

第二，教育理念应着重培养学生的创新能力。在智慧化课堂中，创新不仅指学科知识的新应用，还包括学生独立思考问题和寻找解决方案的能力。因此，教育理念需要强调在语文学科中引导学生进行独立思考，激发他们的创造性思维，使其能够主动提出问题、积极探索答案，面对未知问题时具备应对能力。

第三，教育理念应强调培养学生的批判性思维。传统的灌输式教学模式往往强调学生对知识的被动接受，而智慧化课堂的理念要求学生在学习中具备对信息进行分析、评估和质疑的能力。教育理念需要在课程设计中融入批判性思维的培养，通过让学生参与讨论、辩论等活动，使他们逐渐形成对信息进行独立判断的意识和能力。

第四，教育理念还要求在智慧化课堂中打破传统教学的单一性，更加关注学生的主体地位。这意味着在课程设计和教学实践中，必须充分考虑到学生的个性特点和学习风格，倡导因材施教，为学生提供更加灵活、多样化的学习路径。教育理念要强调学生作为学习过程的主体，教师应成为学生学习的引导者和合作伙伴，共同构建积极向上的学习氛围。

（二）重视学科的教学设计

教学设计是构建智慧化课堂的核心环节，其关键在于紧密贴近学生的实际需求，注重学科知识的系统性和深度。在设计中，教师需充分了解学生的知识水平和兴趣特点，通过设置富有启发性和挑战性的学习任务，激发学生的学习兴趣，使其在学习过程中能够全身心地投入其中。

第一，教学设计应根据学生的实际需求进行调整，这需要教师深入了解学生的认知水平、学科掌握情况以及学习兴趣。通过充分了解学生，教师能够更准确地定位教学内容和难度，确保设计的任务能够既具有挑战性又符合学生的实际水平，从而更好地引导学生主动参与学习。

第二，教学设计要注重学科知识的系统性和深度，这意味着在教学设计中，教师应将知识点融入具体的实际情境中，以帮助学生更好地理解和应用所学的知识。同时，设计的任务应具有一定的深度，引导学生进行思辨、分析和总结，培养他们的独立思考和问题解决能力。

第三，教学设计应当融入跨学科的元素，这有助于拓展学生的学科视野，使其能够更全面地看待问题。在跨学科的设计中，教师可以引入相关学科的知识，促使学生形成对问题的多角度思考，培养他们的综合分析和解决问题的能力。教学设计应当融入跨学科的元素，这样的设计不仅有助于拓宽学生的知识面，也能激发他们对学科之间关联性的认识。

（三）关注语文课程的深度

关注课程的深度和广度是构建小学语文智慧化课堂的重要要求，这不仅涉及学科知识的传递，更关乎学生对知识的深刻理解和全面掌握。课程的深度要求学生在学习中能够进行深入思考，不仅仅是死记硬背，更要追求对知识的深层次理解。关注课程深度意味着教师在设计课程时应引导学生思考问题的本质，培养他们分析、归纳、创新的思维方式。通过深度的学习，学生能够更好地将知识内化为自己的思维工具，为将来的学科学习奠定坚实基础。

而课程的广度则要求学科知识的全面涉猎，使学生形成丰富的学科视野。语文学科不仅仅包括文字的表达，还涉及文学、历史、文化等多个方面。在课程设计中，应该综合运用不同的文本和话题，拓展学生对语文学科的认知。通过引导学生接触不同体裁的文学作品、了解各个历史时期的语言变迁和文化演变，能够帮助他们建立更为全面的语文知识结构。这样的广度涉及跨学科的融合，有助于培养学生的综合素养，使其能够更好地应对未来的学科挑战。

课程内容应符合学生的认知发展水平，既要有一定难度以激发学习兴趣，又要避免过于复杂而导致学习困难。教师在设置课程内容时应了解学生的年龄特点和认知水平，确保内容的难度适中，符合学科发展的规律。合理设置具有挑战性的任务，能够激发学生的学习兴趣和求知欲望，但同时也要通过引导和支持，帮助学生克服学习难题，确保他们能够在学习中取得实质性的进步。

（四）学科知识与实际生活结合

注重学科知识与实际生活的结合是构建小学语文智慧化课堂的重要理念之一，其目的在于使学生在学习中能够感知到知识的实用性和现实意义。教师在教学中应通过多种方式，如案例分析、实地考察等，引导学生将所学知识应用于实际问题中，培养他们解决实际问题的能力。

第一，通过案例分析，学生能够更深刻地理解和应用所学的语文知识。教师可以选取与学科内容相关的实际案例，让学生通过分析案例中的语言运用和表达方式，理解语文知识在实际生活中的运用。通过案例的引导，学生能够将抽象的语文知识具体化，形成对语言实际运用的深层次认识。

第二，实地考察是另一种有效的方式，通过亲身体验学科内容在实际生活中的应用。小学语文教师可以组织学生进行实地考察，了解相关的文学名著、历史事件等，使学生在实际情境中感知语文知识的实用性。这种学以致用的教学方法有助于激发学生的学习兴趣，使他们更加主动地投入到实际问题的思考中。

总而言之，通过将学科知识与实际生活结合起来，学生在学习过程中能够更好地理解知识的实际运用，培养解决实际问题的能力。这样的教学设计有助于拓宽学生的视野，提升他们的实践能力和创新意识。同时，这也使学科知识不再是抽象的概念，而是与生活紧密相连的有实际意义的内容，更容易引起学生的兴趣和主动参与。

四、小学语文智慧化课堂教学模式的内容选择

小学语文智慧化课堂的教学内容选择是构建教学体系的重要一环，它直

接关系到学生的知识体系的构建和语文素养的培养。在教学内容的选择中，应该注重学科知识的系统性和深度，同时结合学生的认知水平和实际兴趣，创设富有启发性的学习场景，以促使学生在主动探索中深度思考，形成全面的语文素养。

（一）符合学科知识的系统性与深度

小学语文学科的内容涵盖了语言文字的基础知识、文学作品的阅读和写作技能的培养等多个方面。这些方面的内容既有自身的特点，又相互交织，需要在智慧化课堂的教学设计中有机地结合起来，确保学科知识得到全面涉猎。

第一，在语言文字基础知识的教学方面，可以采用生动有趣的方式，例如，通过设计富有情节的故事、语言游戏等，引导学生在轻松的氛围中理解和掌握语言的规律。通过引入生动有趣的故事，可以激发学生的学习兴趣，使他们在参与故事情境中自然而然地感知到语言的魅力。而语言游戏则可以通过互动的形式，让学生在愉快的氛围中体验语言的灵活运用，从而更加深入地理解语言的基础知识。

第二，在文学作品阅读方面，教师可以选择既有代表性又符合学生认知水平的文学作品。通过深度解读引导学生挖掘作品中的深层次意义，教师可以精心挑选与学科知识相符的文学作品，以满足学生对文学的兴趣和好奇心。在深度解读文学作品时，教师可以通过提问、小组讨论等方式，引导学生逐步发现作品中的隐含信息、人物性格、主题等元素，从而培养学生对文学作品的深层次理解能力。

第三，在写作技能培养方面，可以通过实际写作活动，让学生运用所学知识，提高语文表达能力。教师可以设计一系列具体而有趣的写作任务，激发学生表达自己想法的热情。通过实际的写作实践，学生不仅能够巩固所学的语言知识，还能够培养自己的表达能力、思维逻辑和文字表达的技巧。教师在这一过程中可以提供及时的指导和反馈，帮助学生不断提升写作水平。

（二）结合学生的认知水平和实际兴趣

在设计智慧化课堂时，需要充分考虑学生的认知水平和实际兴趣，以创设具有启发性的学习场景。学生在小学阶段的认知水平和兴趣相对较为特殊，因此，在选择教学内容时应注重学生的各自特点。为了更好地了解学生的学科兴趣，可以采用调查问卷、小组讨论等方式，通过了解他们的兴趣点和学科偏好，有针对性地进行内容设计。

在创设学习场景时，可以运用情境化教学、角色扮演、小组合作等形式，让学生在生动有趣的情境中进行学习，引发他们的好奇心和求知欲望。情境化教学可以将抽象的知识内容融入真实的情境中，让学生更容易理解和记忆。通过角色扮演，学生可以身临其境地体验学科知识，增加学科的趣味性。而小组合作则可以促使学生在互动中共同探讨问题、分享见解，培养团队协作精神。

通过兴趣导向的教学设计，可以更好地激发学生的学习兴趣，使其在积极参与中主动获取知识。教师通过在教学内容中融入学生感兴趣的元素，能够更好地引导学生主动参与学习，提高学习的主动性。这样的设计有助于调动学生学习的积极性，使他们在学习过程中感到愉悦和满足，从而更好地理解和吸收所学知识。

（三）关注小学语文跨学科的内容融合

在设计小学语文智慧化课堂时，应当注重跨学科的内容融合，以促使学生形成更为全面的学科视野。小学语文课程不应仅仅局限于语言文字的学科知识，而是应与其他学科相互融合，从而拓宽学生的视野。在内容选择方面，可以通过挑选与自然科学、社会科学等学科相关的文学作品或话题，引导学生在语文学科中感知到其他学科的存在。

关注小学语文跨学科内容融合，不仅有助于提升学科间的联系，也能够引导学生培养跨学科思维，使其形成更为全面的知识结构。以文学作品为例，

可以选择与环境保护、科技发展等相关的议题，通过文学作品引导学生进行深入的讨论和思考。这样的设计不仅能够拓宽学生的学科视野，还有助于培养学生的综合素养。

通过将不同学科的元素有机地融入语文课堂，可以使学生更好地理解学科之间的关联性。例如，通过文学作品探讨科技发展对社会的影响，学生在阅读中能够感受到文学作品背后的科学、技术元素，同时理解到这些因素如何在社会中产生深远的影响，这样的综合性学科设计不仅有助于打破学科之间的壁垒，也能够培养学生更为综合的思考能力。

总体而言，关注跨学科的内容融合是智慧化课堂建构中的关键要素。通过将不同学科的元素有机地结合在一起，可以激发学生的兴趣，促进他们形成更为全面的学科视野，为综合素养的培养提供有力的支持。

（四）尊重不同学生所体现的个体差异

小学语文智慧化课堂教学的内容选择涉及尊重和关注不同学生体现的个体差异，这一方面是理论教育观念的转变；另一方面则是教育实践中的迫切需求。在这个背景下，如何合理选择和设计教学内容，以满足不同学生的需求，成为智慧化课堂建设中的关键任务。

第一，教学内容的选择应充分尊重学生在认知和兴趣方面的个体差异。小学生正处于认知发展的关键阶段，对知识的吸收和理解存在显著差异。因此，在设计语文智慧化课堂的内容时，教师需要结合学生的认知水平，选择适宜难度的教材。这不仅包括在文学作品选择上，要选用符合学生认知发展水平的文本，还包括在知识点的呈现上，采用渐进式的教学策略，使学生能够在适宜的难度下逐步提升自己的认知水平。

第二，个体差异在兴趣方面同样显著，教学内容的选择需要以学生的兴趣为出发点。通过采用灵活多样的教学方法，如引入生动有趣的文学作品、结合实际案例、设计有趣的学科任务等，来吸引学生的兴趣。通过了解学生的兴趣特点，教师可以有针对性地设计教学内容，使学生在学习中感到愉悦和主动。这种以学生为中心的教学设计，不仅能够提高学科学习的吸引力，还有助于培养学生对语文学科的浓厚兴趣。

第三，对于不同学生体现的学科优势和劣势，也需要在内容选择中进行差异化。一些学生在语文学科上可能表现出色，而另一些学生可能相对较弱。在智慧化课堂的建设中，可以采用个性化的任务设置，使得学科任务更贴合每个学生的学科水平。通过差异化的内容设计，不仅能够激发每位学生的学习动力，还能够实现更加个性化的学科发展。

五、小学语文智慧化课堂教学模式的设计流程

（一）借助媒体技术常态呈现

教学设计要从终身学习时代的要求出发，关注学习者的个人选择，关注交互探究，关注低结构设计、多样化选择、个性化创造等特点，采用即时学习的理念和策略，通过工具、平台、资源支持并促进学生基于任务驱动的学习。

第一，教师结合教材及学生的学习需求，向学生推送个性化学习资源（前置性学习内容）。学生通过智能终端完成教师推送的测验，并向教师和学习伙伴分享自主学习成果。教师根据反馈情况调整教学预设。

第二，在教学过程中，教师创设学习情境，利用多种终端，组织学生开展互动学习活动。学生应用互联网技术，互相结成学习伙伴，展开互动协作学习。学生练习后，教师采用智能学习分析技术进行分析，并调整教学策略，向学生推送个性化学习资料。学生结合话题展开讨论，也可以利用实时录播交互系统，寻求他人帮助。

第三，总结拓展部分，师生利用即时反馈评价技术进行回顾总结，双向评价。教师利用实时内容推送工具向学生布置课后作业、推送相关主题的拓展资源。学生可随时获取、回答教师给出的作业和测验，并根据自己的实际

需要自由地选择学习资源和方式来巩固内化知识。教师回收学生的学习信息，检验教学效果。

（二）根据文本特点侧重凸显

鉴于文体不同，要根据不同文体的特点来进行个性化教学设计。

1. 练习训练：活动创设，提升参与效能

练习训练中，如小学语文练习中有关于"朝代歌"的学习。教学过程中，在学生熟读歌诀后，为了将人物和朝代对应起来，就可以利用"抢答"功能作出以下设计：

师：接下来我们来做个游戏：找朝代。

生：我是刘邦，我的朝代在哪里？

（学生点击"抢答开始"，其他学生迅速按自己平板上的"抢答"按钮）

抢到的学生：我是汉，快到我的朝代来。

全班同学：对对对，刘邦就是汉代的。

生：我是王安石，我的朝代在哪里？（开始抢答）

抢到的学生：我是唐，快到我的朝代来。

全班同学：错错错，你的朝代不是唐。

生：我的朝代在哪里？

……

对一些主要人物的朝代识别是个难点，单一的朝代记忆也毫无意义。学生在熟读朝代后，教师以游戏活动的形式吸引学生积极参与。通过平板的抢答功能，每个学生都公平公正地参与游戏竞争。同时，设置全体同学判断对错的环节，使全体学生都高度地集中到活动中来，都成为重要角色。这样的设计让我们的课堂变得更加有趣，提升了学生参与的效能，提高了课堂教学的有效性。

2. 识字教学：内外相连，让文字有情感

关于识字教学，如以下内容：

春节饺子拜年

清明扫墓踏青

端午粽子龙舟

中秋团圆月饼

（1）"书本与生活相连"。学习上述生字时，可以将学生分成四组，分别去搜集有关春节、清明、端午、中秋的习俗。除了书上已有的内容，还有哪些其他的习俗，特别是我们生活中常见的习俗。然后将搜集到的资料制作成表格。

（2）"学生与学生相连"。学习上述生字可以让学生以小组为单位在分享屏上呈现搜集的资料，介绍节日的习俗。推荐代表投屏到课堂大屏上介绍，其他组成员补充。在图文的直观呈现中，在学生的真实交流中，丰富对这些节日的感知，更主要的是让这些节日贴近我们的生活。

（3）"课堂与生活相连"。学习上述生字时，教师可以引导学生，提出问题："我们国家还有哪些传统节日？"然后请学生进行进一步了解，并仿照课文的样式，编写一组节日的词汇串。知识和技能只有在具体的情境中才会更容易被理解，而知识也只有在联系中才能凸显其意义。一个词就像是一个画面，一组词串就构成了一个节日的信息库。这样的设计丰富了学生对词语的理解，拓展了对传统节日的认知，也延伸了语文知识的积累。

3．习作讲评：利用在线平台，学生进行切磋

当前，在小学语文教学中可以引导学生通过自改和互改，取长补短，促进相互了解和合作，共同提高写作水平。在线活动平台正是为学生提供了一个自由充分的互相学习、切磋的机会。例如，现代小学生可以按照自己的阅读进度来品味教师要讲评的习作案例。在活动平台中，学生可以在自己小组内有序地交谈各自看法，然后用精练流畅的话把自己的观点以文字的形式发给组长，组长带领组员讨论，整合小组建议并上传。在这个过程中，每个学生都有很强的参与意识，他们会不断地尝试表达。小组合作既让学生教学生

评价，又让学生教学生写作，这种在同龄人之间的平行对话中无意识的获得，有时会比教师的"讲"更自然深刻。我们不仅要重视学生对习作知识点的掌握，还要关注学生在整个学习体验中的参与度和愉悦度。

六、小学语文智慧化课堂教学模式的预设生成

小学语文教学中的智慧化课堂是一种基于先进技术和创新教学理念的教学模式，它以提高学生学科素养、培养创新思维为目标，强调个性化教学和学生主体性。其中，智慧化课堂的预设与生成是一项重要的教学策略，通过合理的设计和创新，使得教学更加灵活、有趣，更好地满足学生的个体差异和认知水平。

（一）小学语文智慧化课堂教学模式的预设

所谓"预设"，即预测和设计，是教师课前对课堂教学进行有目的、有计划地设想和安排。预设是生成的基础，规划教学的最佳路径，可以帮助教师对可预期的教学状态进行教学准备，以利于生成更好的内容。小学语文教学中智慧化课堂的预设一般包括以下内容：

第一，在小学语文教学中，智慧化课堂的预设目标在于促使学生更全面地理解和应用语文知识。教师需要在课前充分准备，制定灵活多样的教学方案，这些方案不仅要包含基础知识的传授，还要注重培养学生的阅读能力、写作能力和表达能力。通过精心设计的教学内容，教师可以引导学生深入思考，激发他们的创造力，培养语文综合素养。

第二，智慧化课堂的预设中，教师需要合理运用现代科技手段，以提升教学效果。例如，利用多媒体资源、互动教学软件和在线学习平台，呈现生动有趣的教学内容。通过引入互动式教学，教师可以更好地与学生互动，了解他们的学习需求，并及时调整教学策略。此外，利用智能化评估工具，教师能够更全面地了解学生的学习情况，为个性化教学提供有力支持。

第三，在智慧化课堂中，注重培养学生的综合运用能力。课堂上，教师可以设计各种项目任务，鼓励学生运用所学知识进行实际操作。这不仅能够提高学生的学科能力，还培养了他们的团队协作和问题解决能力。例如，通过小组合作完成一篇文章的创作，学生不仅能够提升写作水平，还能够学会有效沟通与合作。

第四，智慧化课堂预设强调个性化教学。教师应根据学生的不同特点和学科需求，差异化地设计教学内容和任务。通过灵活运用分层教学、小组合作和个别辅导等手段，教师能够更好地满足学生的学习需求，确保每个学生都能够在语文学科中有所发展。通过关注学生的个性差异，智慧化课堂可以更好地激发他们的学习兴趣，提高学习动力。

第五，智慧化课堂的预设中强调了教师的角色转变。教师不再是传统意义上的知识传授者，而更像是学习的引导者和组织者。教师应注重引导学生主动参与学习，激发他们的学习兴趣。通过合理设计问题和任务，教师引导学生进行自主学习和合作学习，培养他们的自主学习能力和团队协作精神。

（二）小学语文智慧化课堂教学模式的生成

生成，指事物的发生、形成、提升的过程与结果。课堂应是向未知方向挺进的旅程，随时都有可能发现意外的通道和美丽的图景，而不是一切都必须遵循固定线路而没有激情的行程。智慧化课堂上开放互动的教学情境中，师生的对话、合作、碰撞会生成一些超出我们预设的情况。面对新的问题、新的情况还有新的资源，教师作为组织者、引导者、合作中的首席，要规划最佳路径，不拘泥于预设教程，认真倾听与观察，及时敏锐地捕捉学生的思维动向。教师要调整教程，以学生的动态发展为内容，引导学生展开研究活动，在探讨中发展，在发展中提高，展现生命的价值。顺学而导、以学定教，使学生的知识、智能、情感、思想等在动态中得以形成和发展。小学语文教学中智慧化课堂的生成一般包括以下内容：

1. 对于学科知识的深度挖掘

在智慧化课堂的生成阶段，教师的学科知识深度挖掘显得尤为重要。这一过程不仅仅包括对课程内容的深入理解，更包括相关案例的积累以及与其他学科的融合，这一系列努力旨在为学生呈现知识的内在逻辑，提高教学的深度和广度。

（1）教师在创建智慧化课堂的过程中需要对课程内容进行深入理解。这并非简单地重复传统课程的内容，而是通过深入挖掘背后的学科本质，深刻理解知识的来源、发展过程以及内在联系。例如，在教授古诗词时，小学语文教师可以深入研究作者的时代背景、文学风格以及诗歌的文学价值，以便更全面地向学生介绍古代文学。

（2）教师还需通过积累相关案例，丰富自己的教学资源。案例可以是实际生活中的事例，也可以是历史上的典故，通过这些案例，教师能够将抽象的知识具体化，让学生更易于理解和接受。例如，在教学语法知识时，引入实际语言运用中的错误案例，帮助学生深刻领悟语法规则的正确运用，提高语法知识的应用能力。

（3）智慧化课堂生成阶段强调与其他学科的融合。跨学科的教学能够激发学生的跨学科思维，拓展他们的知识边界。例如，在教学中融入历史元素，可以让学生更好地理解文学作品背后的历史背景，加深对文学作品的理解。这种跨学科的融合不仅使学科知识更加丰富和立体，也促使学生形成更为全面的学科认知。

通过对语文学科知识的深度挖掘，教师不仅能够更好地理解知识的内在逻辑，还能够更灵活地运用这些知识，使其更具教育价值。例如，在教学中通过引用经典的文学作品，教师可以向学生传递文学的魅力，激发他们对文学的兴趣，这种知识深度挖掘能够使教学更具深度，引导学生在学科中深入思考，形成对知识的全面理解。

2. 关于教学策略的灵活应变

在构建小学语文智慧化课堂的过程中，教师的教学策略至关重要。教师

需要具备灵活性，能够根据学生的反馈和课堂实际情况进行及时调整，这要求教师不仅拥有扎实的学科知识，还需具备丰富的教学经验和高度的观察力。

（1）灵活运用不同教学方法。通过灵活运用不同的教学方法和手段，教师能够更好地满足学生的学习需求，使教学过程更加生动有趣。在智慧化课堂中，教师的教学策略需要充分考虑学生的个性差异。每个学生都是独特的个体，有着不同的学习风格和节奏。因此，小学语文教师应当灵活运用分层教学、小组合作等差异化教学方法，以满足不同学生的学科需求。通过关注学生的反馈和表现，教师能够更准确地调整教学策略，帮助每个学生发挥潜力，取得更好的学习成果。

教师的灵活性还表现在对课堂氛围和学生情绪的把握上。在教学过程中，学生的情绪和动力往往直接影响着他们的学习效果。教师需要敏锐地捕捉学生的情感变化，通过巧妙的语言和引导，调整课堂氛围，激发学生学习的兴趣和热情，这种教学策略的灵活性不仅需要教师具备出色的沟通能力，还要求他们具备人性化的关怀意识，使学生在积极的情感状态中更好地融入学科学习。

（2）有效借助现代技术手段。小学语文教师需要不断借助现代技术手段，提高教学的针对性和实效性。随着科技的不断发展，智慧化课堂的建设中充分融入现代技术已成为教学的一项基本要求。通过运用多媒体教学、互动教学软件、在线学习平台等工具，教师可以更生动地呈现教学内容，激发学生的学习兴趣。而通过智能化评估工具，教师可以更全面地了解学生的学习状况，及时调整教学策略。这种整合科技手段的教学策略不仅提高了教学的实效性，也使学生更好地适应数字时代的学习环境。

（3）引导学生积极参与互动。在小学语文智慧化课堂中，引导学生积极参与互动是一项至关重要的任务。教师在这个过程中不仅要注重激发学生的自主学习能力，还要通过设计引人入胜的问题和任务，引导学生积极参与课堂互动，这种教学策略不仅有助于培养学生的自主学习意识，还能促使他们更深入地理解和运用所学知识。在这一过程中，教师需要以引导者的身份出

现，激发学生的思考，引导他们形成独立的见解，并在合作中培养团队精神。

第一，引导学生积极参与互动要求教师注重激发学生的自主学习能力。传统的教学模式往往是教师为主导，学生为被动接受者，而在智慧化课堂中，学生更多地处于主动学习的角色。教师应该设计富有启发性的问题，激发学生的好奇心和求知欲，引导他们主动进行思考和探究。通过给予学生更多的选择和决策权，教师可以激发他们的学习兴趣，使课堂变得更加生动有趣。

第二，通过设计引人入胜的问题和任务，教师可以促使学生积极参与课堂互动。问题和任务应该具有挑战性和启发性，能够引起学生思考的欲望。例如，可以设计让学生展开小组讨论的任务，让他们在互相交流中共同探讨问题，激发出更多的思维火花。通过这样的互动形式，学生可以不仅仅是简单地接受知识，更是通过思考和交流共同构建知识的过程，提高对学科内容的深层理解。

第三，教师需要以引导者的身份出现。教师不再仅仅是知识的传授者，更是学习的引导者。在学生展开讨论和互动时，教师应该适时地提出引导性的问题，激发学生更深入的思考。通过引导学生发现问题的本质、拓展问题的思路，教师可以帮助他们形成独立的见解，培养批判性思维和创造性思维。这种引导者的角色转变不仅能够提高学生的学科素养，还有助于培养学生解决问题的能力。

第四，教师在引导学生参与互动的过程中，需要注重团队合作的培养。通过设计小组活动和合作任务，教师可以引导学生学会倾听他人观点、尊重他人意见，培养团队协作的精神。在合作中，学生可以相互激发创意，共同解决问题。这种合作氛围不仅有助于促进学科内容的学习，还能够培养学生的团队协作和沟通能力，使他们更好地适应未来社会的发展需求。

3. 注意实时反馈的有效利用

在构建智慧化课堂的过程中，教师可以通过实时反馈的工具，及时了解学生的学习情况，从而更灵活地调整教学方向，这一创新性的教学手段不仅有助于教师更好地把握教学进度，也能够更精准地满足学生的学科需求。通过实时反馈，教师能够深入了解学生的学习状态、理解程度和困惑点，使得教学变得更加个性化、高效，从而提升整体教育质量。

（1）实时反馈工具为教师提供了一个强有力的数据支持。在传统的语文教学中，教师通常只能依靠课堂表现和考试成绩等有限信息来了解学生的学习情况，但这些信息常常是片面的且存在延迟。相比之下，实时反馈工具可以通过在线测验、投票系统、互动平台等方式实时记录学生的学习表现。这些数据能够为教师提供更全面、详细的学情信息，包括学生对知识点的理解程度、掌握情况以及存在的疑惑点等。通过分析这些数据，教师可以更准确地评估学生的学科水平，并有针对性地进行教学调整。

（2）实时反馈工具有助于教师更迅速地发现和解决学生的学习问题。在传统课堂上，学生可能因为害怕提问或者不愿表达自己的困扰而默默忍受学习难题。而通过实时反馈工具，学生可以在匿名的情况下提出问题、表达疑惑，教师能够第一时间收到这些信息，这样的互动机制不仅让学生更愿意分享自己的问题，也让教师更及时地关注到学生的学习需求。教师可以根据实时反馈的问题，立即做出针对性的解答和辅导，帮助学生克服学习难关，提高学科水平。

（3）实时反馈工具还能够促进课堂互动，激发学生的学习兴趣。在传统的教学模式下，学生可能会因为课堂单一的表达方式而感到乏味，而实时反馈工具的运用能够使得课堂更加生动有趣。通过在线投票、互动答题等方式，教师可以引导学生积极参与课堂活动，使学习过程更加轻松愉快。实时反馈工具的形式多样，能够适应不同学生的学习习惯，使得每位学生都能够找到适合自己的参与方式，从而提高他们的学习积极性。

（4）实时反馈工具还有助于促进教师与学生之间的互动沟通。在传统教学中，由于学生人数众多，教师难以对每个学生进行详细的个性化指导。而通过实时反馈工具，教师可以更方便地与学生进行一对一的互动。学生可以随时向教师提问，而教师也能够通过即时回应解决学生的疑惑。这种直接、

高效的互动沟通方式，有助于建立良好的师生关系，提高教学效果。

（5）实时反馈工具为教师提供了更多教学策略的选择和调整空间。通过不同形式的实时反馈，教师可以了解学生对于不同教学方法的喜好，也能够得知学生在学习过程中更需要哪些方面的帮助。这使得教师可以更灵活地调整教学策略，个性化地满足学生的学科需求。例如，如果实时反馈显示学生对某个知识点理解较差，教师可以采用更生动的教学方法或者通过案例分析来帮助学生理解，以达到更好的教学效果。

七、小学语文智慧化课堂教学模式的实践策略

（一）提高学生的学科素养

小学语文智慧化课堂教学模式的实践需要注重提高学生的学科素养。首先，在这一模式中，个性化设计发挥着重要作用。通过个性化设计，教师可以根据每个学生的学习特点和水平，量身定制教学内容和方法，使每个学生都能够在适合自己水平的学习环境中充分发展，从而提高学习效率和成绩。其次，实践性活动的引入也是关键步骤。通过将语文知识应用于实际情境中的活动，例如实地考察、创作作品等，学生不仅可以更加深入地理解和掌握知识，还能够培养实际运用能力，为未来的学科学习打下坚实基础。最后，技术手段的应用在提升学生学科素养方面也起到了至关重要的作用。借助于现代技术手段，如多媒体资源、互动教学软件、在线学习平台等，学生可以获得更丰富、生动的学习体验，激发他们对语文学科的浓厚兴趣，从而更加积极地投入到学习中去。通过综合运用个性化设计、实践性活动以及技术手段，小学语文智慧化课堂教学模式旨在培养学生更全面、更深入的语文素养，使他们能够更好地应对未来的学科学习挑战，实现个人全面发展的目标。

（二）激发学生的学习兴趣

小学语文智慧化课堂教学模式的实践要着眼于激发学生的学习兴趣。在这一模式中，充分利用多媒体和互动性设计成为实现这一目标的关键。首先，多媒体的运用为课堂注入了生动有趣的元素。通过图文并茂、声画互动的方式，教师能够将课程内容以更生动的形式呈现给学生，使他们能够更直观地理解和感知知识点。例如，通过展示精美的图片、视频以及配以生动的语音解说，可以让学生身临其境地感受到诗歌的意境，小说的情节，从而激发他们对语文学科的兴趣。其次，互动性设计为学生的参与提供了更广阔的空间。通过设置在线讨论、小组活动等形式，学生能够积极参与到课堂中来，表达自己的观点，与同学进行交流互动。这种形式的设计不仅培养了学生的思辨和表达能力，也使课堂变得更加活跃有趣。通过综合运用多媒体和互动性设计，小学语文智慧化课堂教学模式的实施路径有效地激发了学生的学习兴趣，增加了课程的吸引力，为学生提供了更加生动有趣的学习体验。

（三）提升学生实际运用能力

小学语文智慧化课堂教学模式的实践还在于提升学生的实际运用能力，其中引入实践性活动扮演着关键角色。实践性活动的引入使学生能够在真实的情境中运用所学的语文知识，从而培养实际运用能力。这种学习方式不仅帮助学生更好地理解和掌握知识，还促进了他们在实际生活和工作中运用语文的能力。

实际性的活动设计着重于将学科内容融入日常生活和实际工作中，使学生更深入地理解和应用所学知识。例如，通过组织学生进行文学作品的实地考察、角色扮演、创作文学作品等活动，可以让学生身临其境地感受文学的魅力，同时培养他们的表达能力和创造力。此外，设计与社会现实紧密相关的语文任务，如撰写新闻报道、写作社交媒体文案等，可以让学生将语文知识应用到实际情境中，提升他们的实际应用能力，这样的实践性学习体验不

仅加强了学生对知识的理解，还为他们未来的职业发展和社会交往奠定了坚实的基础。通过参与各种实践性活动，学生不仅能够将语文知识运用到实际生活中，还能够培养解决问题的能力和创新思维。这种综合的实践性学习体验不仅有助于知识的实际运用，也培养了学生的实际解决问题的能力，为他们未来的学习和发展打下了坚实的基础。

（四）促进学生间的团队协作

在小学语文智慧化课堂教学模式的实践中，互动性设计扮演着至关重要的角色。通过互动性设计，教师能够促使学生之间形成团队协作的氛围，培养他们的团队合作和沟通能力，进而提升整体学习效果。在课堂中引入丰富的互动性元素，如小组讨论、合作项目等，可以激发学生的学习兴趣，增强他们的参与度。

第一，互动性设计能够促进学生之间的互动交流，形成积极的学习氛围。通过小组讨论、合作项目等形式，学生有机会分享自己的观点、听取他人的见解，并共同探讨问题，从而激发出更多的思想火花，这种交流互动不仅能够增加课堂的活跃度，还能够丰富学生的思维，拓宽他们的视野，提升学习效果。

第二，互动性设计有助于培养学生的团队合作和沟通能力。在合作项目中，学生需要分工合作、协商决策，共同完成任务。这种合作过程锻炼了学生的团队合作意识和能力，培养了他们的团队合作精神。同时，通过互动性设计，学生还能够提高自己的表达能力和倾听能力，学会倾听他人的观点，尊重他人的意见，有效地进行沟通交流。

第三，互动性设计为学生未来的学习和工作奠定坚实的基础。在当今社会，团队合作和沟通能力是非常重要的素养，能够帮助个体更好地适应社会环境，提升工作效率。通过在小学语文智慧化课堂中培养学生的团队合作和沟通能力，可以为他们未来的学习和工作奠定良好的基础，使他们更加具备竞争力。

第四节　小学语文游戏教学模式具体构建

一、确立有效的游戏式教学目标

游戏式教学目标是指，在教学过程中，教师和学生都应该在保持作为生命完整自由个体的基础上，能够在语文课堂上进行生命对话和体验的，并且尊重游戏规则的人。具体游戏式教学目标内容如下：

第一，成为生命完整的自由人。自由人格的养成，是教育的结果。完备的现代教育，塑造出崇尚自由的学生，在自由人的教育中，知识一定不只是一种外在于人之生命的应试能力，而应是根植在人的生命中，让生命启迪的学问。生命完整的自由人是符合游戏精神的意蕴的，让学生愉悦主动地学习，让学生自己发现问题，形成强烈的问题意识，进而产生探索知识的欲望和积极性。小学语文教育教学要关心学生主动合作精神的培养，克服和消解自我中心的行为。就是要培养小学学生在掌握知识和规律的基础上，能够用新的思维方式提出新观点、新思路，而不是被已有的条条框框所束缚。

第二，遵守合理游戏规则的人。在现代语文基础教育中，教学的目标之一是培养学生遵守规则的品格。游戏式教学试图重新唤起人们心中早已远去的自由精神，同时又受到规则的约束，旨在培养学生具备平等精神、合作能力和规则意识，以促进社会的发展。游戏的本质之一就是建立秩序，而游戏精神正是在自由与规则之间保持平衡。在游戏教学中，内在规则不可轻易改变，不遵守规则会破坏整个活动，因此参与者必须自觉地遵守规则。

二、建立游戏式的语文课堂氛围

任何教育行为都是在一定环境中发生的，实际上，环境本身也是一种教

育力量。家庭环境、学校环境和社会环境对人的教育作用都不容忽视。优良的教育环境有利于少年学生良好习惯的养成，有利于促进少年学生健康快乐成长。游戏精神视野下的小学语文教育环境，强调构建游戏式的情境语文教学，学生主动参与学习，主要是为了培养小学学生的批判性思维，教学内容主要结合现实的生活场景和生活经验。

在小学语文课堂中，情境教学的游戏化方式创造了一种轻松、愉悦、自由的氛围，这种氛围潜移默化地影响着学生。通过游戏式情境教学，学生的潜力得到最大程度的释放，他们的创造力得以激发，同时也调动了他们在课堂上的主动性和积极性，保持了最佳的情绪状态和学习动力。情境教学的设计要让学生感到熟悉和亲近，营造出师生和谐相处的氛围，这种氛围能够激发师生间的心灵交流和碰撞，成为小学语文教育过程中不可或缺的一部分。在游戏式情境教学中，师生都全心投入教学，彼此相互吸引、引导，共同前进。

第六章
小学语文教学策略的多元化研究

第一节 小学语文的单元整体教学策略

"小学语文单元整体教学是指教师以单元主题为中心，有意识地整合教学资源，以最大限度地发挥教学资源在知识传授、能力培养、情感渗透等方面的作用，从而使学生能够从整体上把握知识的内涵，获得丰富的情感体验，并逐渐形成正确的世界观、人生观、价值观"①。简而言之，小学语文单元整体教学是一种备课单元化、教学理念集体化的教学模式，它以教材为出发点，通过整合丰富的课程资源开展多元化教学。

一、小学语文单元整体教学策略的特点

与传统语文教学相比，小学语文单元整体教学具有以下突出特点：

第一，更突出整体性。受传统应试教育观念的影响，教师在教学中常常倾向于传授知识、讲解考点、指导解题等，旨在让学生在学习过程中重点关注这些知识，这样才能在考试中取得好成绩。但单篇课文的知识点较为零散，知识点的理论性较强，学生学习难度较大，久而久之就容易削弱学习兴趣，甚至产生抵触心理。而单元整体教学则依托教材，将相同的主题编排在一起，让学生在理解整个教材内容的基础上进行高效教学，进一步提升了学生的学

---

① 张凤秀，张玲，罗润波. 小学语文单元整体教学的实施策略［J］. 新课程研究. 2023（16）：39.

习能力、增强了学生的情感体验。

第二，进一步提升了有效性。在单元整体教学活动中，教师以整个单元为教学目标，从阅读文章的视角出发，使学生在基本了解文章的前提下开展拼音教学、识字教学、对话教学、阅读教学以及作文教学，这一系列过程环环相扣，可以提高教学质量。

第三，凸显学生的主体地位。在单元整体教学中，教师需要有意识地整合教学资源，发挥这些教学资源的作用，教师不再是课堂主体，而是转变为学生学习的引导者，引导学生习得相关知识。在教师的带领下，学生针对问题进行自主分析、探究直至解决问题，由被动接受转变为主动学习，成为语文学习的主人。

第四，优化语文教学效果。在主题单元教学中，教师会先概括性地介绍主题单元内容，让学生能够大致了解本单元知识，并带着疑惑进入下一个学习环节，从而节省了课堂时间。单元中每篇课文都有不同的知识背景，学生能够自主学习，而且具有较强的系统性、拓展性，这就有利于优化语文教学效果。

二、小学语文单元整体教学策略的意义

（一）满足课程改革的需要

在传统小学语文教学中，教师以单篇课文为例，将每篇课文内容当作重点讲解对象，而没有关注课文之间的内在关联，导致其在教学时缺乏系统性、整体性，因此，学生学习语文知识时往往是花费了较多时间，但并未收到理想效果。在新课程改革背景下，单元整体教学对教师提出了更高的要求，由过去的单篇教学转变为现在的单元教学，由内容分析为主的讲解教学转变为以培养学生能力为主的探索教学，由注重教材转变为注重阅读与实践，由重视教师作用转变为注重落实学生的主体地位。因此，在小学语文单元整体教

学中，教师需要从大局出发，整体设计教学内容，将每篇课文的重点、难点和要点进行整合，给学生以更多自主探索的时间，让学生在更广阔的空间里阅读、思考、实践，在学习中积累知识、在思考中领悟方法、在实践中积累技能、在反思中激发学习兴趣。

（二）满足学生发展的需要

在传统小学语文教学中，学生只是被动接受教师讲解的内容，导致其学习停留于浅层，而没有明确的目标。在单元整体教学中，教师的教学要从学生发展的角度来考虑，以利于学生整体把握内容，并更好地理解每篇课文。在单元整体教学模式下，学生必须先自学每篇课文，然后在小组内交流、讨论，这一过程应建立在学生自学的基础之上，学生需要弄清楚自己学懂、学会了哪些内容，还有哪些不懂的问题，可以提出哪些值得同学讨论的内容，等等。有了这样的基础，教师再有的放矢地引导学生讨论解决，就在潜移默化中提高了学生发现问题、分析问题、解决问题的能力，而学生的思考能力、口头表达能力、合作能力也随之提高。

三、小学语文单元整体教学策略的实施

小学语文单元整体教学不仅突出了教学主题，还有利于学生分类掌握知识。教师在开展单元整体教学的过程中要积极探究有效教学策略，推动单元整体教学的开展。

第一，升华单元整体教学主题，强化单元整体教学意义。在单元整体教学模式下，教师既要重视教学主题，又要突出教学意义，例如，在写景单元教学中，教师可以确定"我们身边的美丽校园"这一主题，这是对原有主题的升华，这时，教师可以介绍课文中的重要内容，让学生主动探究课文中写景的好词好句、修辞手法等，然后模仿课文写一写自己熟悉的校园。在这个单元的整体教学过程中，学生有效掌握了写景方法，提升了语

文素养。

第二，以单元整体教学为平台，指导学生收集相关资料，以开阔视野。拓展阅读是开阔视野、积累知识的有效方法之一，学生在学习了某个单元后，就有了明确的课外阅读方向，避免了课外阅读的盲目性，从而使扩展阅读发挥最大效用。在增加阅读量的同时，教师还可以引导学生将课外阅读内容与学过的课文进行比较，再结合单元主题引导学生开展交流、讨论，使学生能够共享知识学习成果。例如，学习了阅读的相关内容后，教师就可开展"我推荐的一本书"活动，以延伸小学语文单元内容，促使学生积累丰富的知识，并提高表达能力与文化素养，从而切实提高小学语文单元整体教学的实效。

第三，实施分层教学，明确单元整体教学重点。在小学语文教学中，不同年级学生的发展目标也是不一样的。例如，一二年级学生更关注生字和生词的学习；三四年级学生更想了解语句、段落的作用，需要教师以单元整体教学为导向，以使学生加深理解和体会；五六年级学生则应充分考虑其综合感知能力，教师应该以提高学生的自主学习能力为基础，强化这方面的引领和示范。这样，通过对不同学生实施分层教学，就能突出各自的重点，进一步提升单元整体教学效果。

第二节　小学语文的群文整合教学策略

群文整合教学的核心概念有两个，一是"群文"，二是"整合"。"群文"，指组合在一起的内容互补的，尤其是具有某些关联因素的两篇、三篇或多篇文章，它是相对于"单篇"或"以单篇为主"的教学内容而言的。"整合"，主要是通过整顿、协调，重新组合，这里的"整合"，意为"依据各单篇文本之间所具有的某些关联点、共同点、相近点，而将它们组合在一起，以便借助整体把握或比较阅读的方法，使学生在比较全面地感知内容、悟情晓理的同时，更清晰地了解群文的互补性，更深刻地认识群文的共同点、相近点以及各自的特点，进而去更有效、更规范地学习和运用这些读与写的规律"①。

"群文整合教学"，即一改"单篇"或"以单篇为主"的教学内容与教学方式，将具有某些关联因素的多个篇目组合为一，使之形成一个新的由群文组成的整体，借以密切联系，自然放大和凸显它们于题材、读法、写法等方面的关联点、共同点、相近点以及各自的特点；于此基础上，引导学生着重借助整体把握或比较阅读的方法，去全面地分析事件、感受人物，准确发现其中的读写规律，并通过规范和有效的读写拓展实践练习，使课堂收到"一加一大于二"的教学效果。

一、小学语文群文整合教学策略的优势

群文整合教学策略，是一种具有理论指导依据的有益探索；它不是一般教学方法、教学技巧方面细微的改进，而是教育理念与教学方式的重大创新。群文整合教学策略有助于提高阅读教学乃至语文教育的效果，进而促进学生全面发展和终身发展。具体而言，群文整合教学策略主要有以下方面的优势：

（一）丰富语文课堂阅读信息量

要提高语文课堂的教学效率，首要的是增加学生在单位时间内的阅读量和获取信息的多寡。在小学语文课堂上，可以通过将教学方式从"单篇教学"转变为单元内外相关篇目的"群文整合阅读"，从而使学生阅读的数量增加，并且获得的信息更加丰富，这种转变可以有效提高教学效率。

通过提高教学效率，可以节省出更多的语文课时，这些额外的课时可以用于组织开展课外主题阅读、专题研读以及学科系列实践活动等。此外，也

---

① 杨德伦. 小学语文教育创新实践［M］. 北京：光明日报出版社，2018：94.

可以用于引导学生读完整本书籍，或者阅读他们喜欢的书籍，这样一来，学生的阅读信息量进一步丰富，促进并发展了以语用为核心的语文素养。

（二）有助力精准理会内容情感

小学语文教学的重要任务之一是培养学生的阅读能力和理解能力，而群文整合教学策略则被认为是一种有效的方式，可以帮助学生更准确地理解阅读材料的内容和情感。群文整合教学的核心理念是通过将多篇相关的文本整合在一起，使学生在相互比较、对照的过程中深入理解文本，并从中获取更丰富的信息。

在小学语文教学中，引导学生深入理解阅读材料是至关重要的。学生不仅需要理解文字表面的含义，还需要理解作者的深层意图和情感表达。通过群文整合教学，教师可以引导学生比较分析多篇相关的文本，帮助他们更全面地把握作品的主题、情节和人物的心理活动。这种比较分析的过程不仅能够激发学生的思维，还能够促进他们对文本的深入理解。

在群文整合教学中，教师可以根据教材内容和学生的实际情况，选择多篇相关的文本进行教学。这些文本可以来自教材中的不同篇章，也可以是学生自主收集的相关阅读材料。通过将这些文本整合在一起，教师可以为学生提供一个全面的阅读视角，帮助他们更好地把握作品的内涵和情感。另外，群文整合教学还可以帮助学生培养批判性思维和分析能力。通过比较分析不同文本之间的异同，学生可以培养自己的辨析能力，提高对文本的理解深度和广度。这种批判性思维的培养对学生未来的学习和生活都具有重要意义。

（三）促进发现并掌握语用规律

小学语文群文整合教学策略被认为是一种有效的教学方法，可以促进学生发现并掌握语用规律。语用规律是指语言在特定情境下的运用规则和模式，包括词语搭配、句式结构、语篇组织等方面。这些规律对于学生的语言表达能力和文学鉴赏能力的提升至关重要。

在小学语文教学中，通过群文整合的方式，教师可以将多篇相关的文本整合在一起，构成一个完整的阅读任务。学生在阅读这些相关文本的过程中，不仅可以了解不同作品的内容和情感，还能够通过比较分析，逐渐发现其中的语用规律。例如，在不同篇目中，可以发现同一作者的特点，或者是不同作者在表达情感、描写场景等方面的共同之处。

群文整合教学策略的另一个优势在于它能够帮助学生建立更加全面和深入的语境意识。语境意识是指在语言运用中，理解并准确把握语言所处的具体情境和语境的能力。通过群文整合教学，学生可以从不同的语境中获取信息，进而理解作者的意图和思想情感。这有助于他们更好地理解语言的含义和用法，提高语言表达的准确性和地道性。

除此之外，群文整合教学还可以促进学生的批判性思维和分析能力的培养。学生在比较分析不同文本之间的异同之处时，需要进行深入的思考和理解。他们不仅要理解文本表面的意思，还要探究其中的隐含信息和深层次的含义。这种批判性思维和分析能力的培养对学生的学习和生活都具有重要的意义。

（四）利于学生读写实践能力提升

小学语文群文整合教学策略是一种有益的教学方法，可以显著提升学生的读写实践能力。在这种教学模式下，学生不仅是简单地接受教师的讲解，而是通过自主学习和导学的方式深入阅读多篇相关文本，这种整合阅读的方式使得学生在阅读中不断丰富阅读方法，从中领悟语用技巧，并通过练习表达来深化对文本的理解。

另外，在教学过程中，群文整合教学的重点在于突出学科同化，即将新的知识和技能融入学生原有的认知系统中，这意味着学生不仅仅是被动地接受知识，而是通过自主学习和实践，逐渐形成自己的思维框架和认知结构。随着学习的深入，学生的原有认知系统会逐渐被新知所覆盖，形成更加完善和丰富的认知结构，在这种教学模式下，学生不仅是获得了正确的情感态度、深刻的事理、正确的阅读方法和可用的表达技巧，还培养了学生的读写实践能力。通过自主学习和导学的方式，学生在实践中不断探索、实践，从而不断提升自己的读写能力，这种全面提升的读写实践能力将对学生未来的学习和生活产生积极的影响，使他们能够更好地应对各种语言表达任务。因此，小学语文群文整合教学策略在培养学生读写实践能力方面具有重要意义。

（五）助于培养学生良好思维品质

小学语文群文整合教学策略被认为是一种有助于培养学生良好思维品质的有效途径。在这种教学模式下，学生通过阅读多篇相关的文本，不仅仅是被动地获取知识，更重要的是通过比较、分析和综合的过程，培养了批判性思维、创造性思维和逻辑思维等各种良好的思维品质。

第一，群文整合教学能够培养学生的批判性思维。在阅读多篇相关文本的过程中，学生需要比较分析这些文本之间的共同点和差异，理解作者的意图和观点。通过这种比较分析的过程，学生逐渐培养了辨析问题、审视事物的能力，从而形成了批判性思维的基础。

第二，群文整合教学可以促进学生的创造性思维。在阅读一组相关文本时，学生不仅仅是被动地接受作者的观点，还可以根据自己的理解和想象进行创造性的思考和表达。通过模仿、改编和创作，学生可以发挥自己的想象力和创造力，培养自己独立思考和解决问题的能力。

第三，群文整合教学也有助于培养学生的逻辑思维能力。在阅读和分析文本的过程中，学生需要理清文本的逻辑结构，推理作者的论证过程，从而理解作者的观点和观点之间的关系。这种逻辑推理的训练有助于学生形成系统性的思维方式，提高他们的逻辑思维能力和问题解决能力。

二、小学语文群文整合教学策略的要领

变"单篇"或"以单篇为主"的教学方式，为进行"群文整合教学"，这

当中应注意掌握的要领是多方面的。其中，主要包括以下方面：

（一）准确把握文本关联的因素

确定进行整合教学的课文或篇目是实践"群文整合教学"时首要考虑的问题。为了做到这一点，教师需要全力以赴地认真研读课文，并将其与手头积累的各种相关读物进行对比，多方查阅并详细审读所有可能相关的资料，以准确把握文本之间的关联因素。同时，教师还应时刻考虑符合该学段具体要求的"课程标准"。

从单纯把握文本之间的关联因素来看，在选取文本时，可以从以下方面进行考虑：① 文章内容或事件背景的关联；② 篇目的体裁关联；③ 篇章主题的关联；④ 作品表达方式和方法的关联；⑤ 作者及语言特色的关联。针对教学的不同学段，对于考虑文本间的关联因素，应有所侧重，具体如下：

第一，在小学低年级的读写练习中，重点在于词句，因此应重点考虑文本中精彩语段的词语使用方式、句式结构的相互关联，以及标点符号的使用方法等。因此，在"群文整合教学"的课堂上，学生将更多地积累优美生动的词句，更好地了解和学习词语和句子的构造方法，以及连贯并富有童趣地撰写几句话的技巧，以及如何运用逗号、句号、问号和感叹号来正确表达情感等方法。

第二，对于小学中年级学生，由于其读写训练的重点是句段，并负责完成向篇章过渡的任务，因此应侧重考虑文本之间篇章结构法（即连段成篇方式）的关联，特别是重点段落结构法（即连句构段方式、连自然段成结构段方式）的关联，以及具体描写事物方法和抒情方法的关联，这样的做法有助于促进学生在"群文整合教学"的过程中更有效地领悟和练习言之有序、言之有物、言之有情的表达方法。

第三，对于高年级学生而言，由于其读写实践的重点是段和篇，因此应该重点考虑立意与选材之间的关联，立意与布局谋篇之间的关联，立意与拟题之间的关联，以及立意与语言特色之间的关联等方面。通过这样的方式，

引导学生在"群文整合教学"的实践中，更深入地领会和掌握依据材料提炼主题的方法，以及依据主题进行材料筛选、布局谋篇的方法，还有根据表达目的和重点进行正确拟题的方法等。

（二）精心选定整合教学的篇目

小学语文群文整合教学策略的要领包括精心选定整合教学的篇目。在进行整合教学时，精心选定篇目是至关重要的，这需要教师反复且用心地研读课文，进行深度单元备课，准确把握全册每一篇课文以及课内外文本间的关联因素，并且在认真考虑学情的基础上，精心选定出适合整合教学的具体篇目。

第一，考虑整合篇目的数量。教师需要根据教学目标、学生的实际水平和学习需求等因素来确定整合篇目的数量。数量过多可能会导致学生学习负担过重，而数量过少则可能无法充分发挥整合教学的效果。因此，教师需要在平衡学习负担和教学效果之间进行权衡，精心选择适当数量的整合篇目。

第二，考虑整合篇目的类型。整合篇目的类型包括不同的文学体裁、题材内容和语言风格等方面。教师需要根据学生的年级特点、学科要求以及教学目标来选择适当类型的整合篇目。例如，可以选择具有不同文学体裁的篇目，如叙事文学、议论文学和抒情文学等，以丰富学生的阅读体验和文学素养；也可以选择涉及不同题材内容的篇目，以拓展学生的知识面和思维视野；同时，还可以选择具有不同语言风格的篇目，以培养学生的语感和表达能力。

第三节　小学语文的读写结合教学策略

一、小学语文读写结合教学策略的主要作用

小学语文的读写结合教学策略在语文教育中发挥着重要的作用，这种教

学策略通过将阅读与写作相结合，促进学生全面发展语文素养，提升语文能力。下面将详细探讨这种教学策略的作用。

第一，小学语文的读写结合教学策略有助于提升学生的阅读能力。通过阅读各种文本，并要求学生进行阅读理解、分析和评价，可以培养他们对文字的理解和把握能力。同时，通过写作练习，学生不仅可以将所学知识应用到实际写作中，还能够更深入地理解和消化所阅读的内容，从而提高阅读理解的水平。

第二，读写结合教学策略有助于提升学生的写作能力。通过阅读优秀的范文，学生可以学习到各种写作技巧和表达方法，同时也可以积累丰富的词汇和句型。在写作过程中，学生不仅可以运用所学知识进行表达，还能够通过不断地实践和反思，提高写作的准确性、流畅性和丰富性，从而培养出优秀的写作能力。

第三，小学语文的读写结合教学策略有助于培养学生的思维能力。通过阅读不同类型的文本，学生可以拓展自己的思维视野，提高分析问题和解决问题的能力。而通过写作练习，学生可以锻炼自己的逻辑思维和创造力，培养批判性思维和创新性思维，从而使他们成为具有独立思考能力的人才。

第四，小学语文的读写结合教学策略有助于提升学生的综合素养。通过读写结合的教学方式，学生不仅可以提高语文能力，还能够培养综合素养，如审美能力、文化修养、情感态度等。这对于学生的全面发展和终身发展都具有重要意义。

二、小学语文读写结合教学策略的注意事项

小学语文的读写结合教学策略是一种有效的教学方法，在实施这一教学策略时，语文教师需要注意一系列关键的事项，以确保教学的有效性和学生的学习效果。一般而言，在小学语文读写结合教学策略中需要注意以下方面：

第一，深入理解读写结合的模式：语文教师需要深入理解读写结合的教

学模式，明确其目的、原理和实施方法。读写结合并非简单地将阅读和写作环节串联起来，而是通过有机地结合两者，促进学生语文能力的全面发展。教师需要了解在不同阶段如何进行有效的读写结合教学，以及如何根据学生的实际情况和学习目标进行差异化的教学设计。

第二，制订灵活多样的读写计划：针对不同年级和学生的特点，语文教师需要制订灵活多样的读写计划。这包括选择适当的教材和文本、设计丰富多彩的读写任务和活动、安排合理的教学时间和进度等。教师可以结合课程标准和教学大纲，根据学生的学习需求和兴趣爱好，制订个性化的读写计划，以提高教学的针对性和实效性。

第三，注重实践性和趣味性：在读写结合的教学中，教师应注重增加实践性和趣味性，激发学生的学习兴趣和积极性。可以通过采用生动有趣的教学方法和形式，设计富有情境感和体验感的读写任务和活动，使学生能够主动参与、积极思考和创造，从而增强他们的学习动力和体验感。

第四，个性化和差异化教学：每个学生的学习能力和学习风格都有所不同，因此，语文教师需要实施个性化和差异化的教学。可以根据学生的学习水平、兴趣爱好、学习风格等因素，调整教学内容和方法，提供个性化的指导和支持，帮助学生充分发挥自己的潜能，实现个性化的学习目标。

第五，评价和反馈：语文教师需要重视对学生的读写表现进行及时、客观和有效的评价和反馈。可以通过观察学生的阅读和写作表现、收集学生的作品、进行小组讨论和互评等方式，了解学生的学习情况，发现问题并给予指导和帮助。同时，教师还应该注重及时给学生反馈，鼓励他们在读写过程中不断进步，提高自己的语文能力。

第六，培养批判性思维和创新性思维：在读写结合的教学中，语文教师应该重视培养学生的批判性思维和创新性思维。可以通过引导学生分析和评价文本，提出自己的见解和观点，鼓励他们在写作过程中进行思考和创造，培养他们独立思考和创新能力，从而提高他们的语文素养和综合能力。

第四节　小学语文教学的指向表达策略

一、小学语文教学指向表达策略的主要特点

指向表达作为课改背景下小学语文教学鲜明的教学主张，在具体的教学过程中有着各种不同形式的表现，有的直接、明显，有的间接、含蓄。但同时，这些教学过程又有着相对稳定的外在表现。这些相对稳定的外在表现就是指向表达的基本要求、本质规律和基本特征。指向表达策略的基本特征，是建立在小学语文教学基本规律的基础之上，是对指向表达教学过程共性特征进行的提炼和概括。通过研究指向表达的基本特征，我们可以透彻了解指向表达的基本内涵，找到判断指向表达的基本标准，为今后更好地开展指向表达专题教学研究指明方向。实际上，指向表达的语文教学离不开学生对文本的感悟，对语言的积累，对方法的领会和及时的迁移运用。这四个方面环环相扣，层层递进，既是学生表达能力形成的四个阶段，也是评价指向表达语文教学的四个标准，共同组成了指向表达的四维架构，成为指向表达的四个基本特征。

（一）强化感悟的特点

感悟是学好语文的一条重要途径，语文课程是工具性和人文性相统一的学科，语文教学尤其是阅读教学，更离不开感悟的情感体验。入选语文教材的课文语言准确生动，内涵丰富深刻，特别适合学生阅读、感悟，尤其是自读感悟。阅读中的"感悟"是学生凭借对语言及其语境的直感，获得某种印象或意义的心理过程。感悟是在理解基础上的有所领悟，实际上是一种深化的情感体验，是文本与教师、学生的生活体验交汇的灵感。为了落实课标精神，提升学生的自学能力、语文素养，在平时的教学过程中，我们经常见到

教师引导学生自读感悟的情景。学生通过感悟文本，与文本、人物深入对话，了解课文内容，把握人物形象，体会深层情感，获得思想启迪。学生在感悟的过程中，悟出了内容和形式，悟出了情感和方法。感悟对全面提高学生的整体语文素养，提高学生的表达能力有着非常重要的作用。可见，感悟的过程也是学习表达的过程感悟是表达能力形成的前提和基础，强化感悟是指向表达的重要训练方式。

强化感悟是指在小学教学中，教师以感悟为主要的教学手段和方法，引导学生紧密地理解文本内容、感受情感，并学习相关方法。这种教学方式强调将学习的主导权交给学生，在教师的指导下，学生通过利用相关课程资源，自行阅读、理解和应用知识，这种做法实际上是对烦琐的分析式教学、教师主导的授课模式以及单向问答式教学的优化，体现了对学生主体地位和语文学习规律的尊重。在实施强化感悟的教学过程中，首先，要理解文本的意义，至少要对其大意有所了解。其次，要理解其中蕴含的情感和运用的方法，即体会文章所表达的思想情感，并领悟其中的表达技巧，理解作者在遣词造句方面的巧妙之处。这些都是强化感悟教学的基本要求。

当然，在强化感悟的过程中容易出现碎片化的倾向，需要引起我们的重视。教师应着眼表达内容的整体，引导小学生从整体的角度观照表达的过程，做到条理清晰，内容完整，重点突出。我们学习的课文都是以整体的形式出现的。不少教材在编排时都采用主题单元的形式，这就要求我们在学习时必须从整体进行把握。而且，学生在进行表达时，一般也是以整体的形式进行表达。对表达的内容、语言、方法、过程进行整体思考以后，才进行完整、流畅表达。可见，整体性是强化感悟、指向表达的内在要求。整体性表达符合学生的认知规律。整体性有利于学生从总体上把握内容。总而言之，整体性能帮助学生从整体角度统筹考虑，全面感悟课文内容，整体考虑表达重点，客观上起到兼顾整体、突出重点的效果。只有基于整体性强化感悟，才能真正读懂文本，悟透情感，习得方法，为指向表达奠定坚实的基础。

（二）强化积累的特点

小学生要提高表达能力，需要进行丰富而扎实的语言积累，这已经成为语文教学中不可或缺的重要内容。学习语文是一个持续不断的积累过程，通过长时间的积累，学生的语文素养会逐步提升。语言能力需要通过积累来培养，而实践则是提升能力的关键。小学生精力充沛，记忆力较强，正是他们进行语言积累和实践的最佳时机。

小学阶段是学习语言的最佳时期，也是记忆的最佳时期。作为语文教师，一定要抓住学生记忆的黄金时期，创造各种情境帮助学生丰富语言的积累，从课文中的好词好句，到课外的名言佳句，有计划、有步骤地帮助学生积累，从而为学生的表达奠定语言的基础，让语文课真正为指向表达服务。强化积累的好处显而易见，一个人的语文素养要靠长期、大量的积累才能形成。学生在强化积累的过程中储存了海量的语言素材。丰富的语言素材是学生形成表达能力、提升语文素养的基础。学生只有积累了大量的语言素材，才有可能进行流利、生动、准确的语言表达。可见，强化积累是指向表达的基础，是指向表达语文课的重要内容，也是指向表达的基本特征之一。

（三）强化方法的特点

指向表达的语文教学，核心在表达，关键在方法。小学生表达能力提升的快慢，很大程度上取决于表达方法指导的有效性。方法有效了，事半功倍；否则，适得其反。在教学过程中，我们一定要高度重视学习方法的作用，适时、适度教给学生表达的方法，让学生用学到的方法，建构表达的范式，进而规范、生动地进行表达。课上，教师要有意识地进行方法的渗透，真正做到课内得法、课外运用，巧妙实现方法的迁移、内化。作为教师，要结合教学内容和学生实际，从表达的顺序、主次，到表达语言的组织，乃至语气、语调、停顿、重音，都要引导学生逐步学会、掌握。只有正确掌握了表达的基本方法，学生才能学会流畅、生动地表达，真正提高自身的表达能力。由此可见，强化方法指导是指向表达的内在要求和主要特征。

指向表达的语文教学在强化方法的过程中，常常由于重视条理、主次、语法、修辞等表达方法而忽视表达规范性的现象。规范性指的是按照既定标准、规范的要求进行操作，以使某一行为或活动达到或超越规定的标准。在指向表达的语文教学中，更要注意培养学生规范表达的意识。语言作为信息的第一载体，要准确地传递信息给服务对象，必须注意语言的规范性，以便于表达和交流。这是一个基本的要求。

表达的规范性，首先，要做到语音清晰。表达的目的是要让对方听清楚，听明白，以起到交流信息、沟通感情的作用。汉字集音、形、义于一体。语音不准就会差之千里，不能畅达规范地和对方进行信息交流，能正确地传达课文的内容、思想和情感。因此，在表达的过程中，必须用规范普通话与对方交流，通过轻重缓急来准确表达，以减少交谈中的障碍。其次，要做到语义准确。要尽量使用通俗易懂的口头语言把意思表达清楚，以免影响交谈或产生误解。最后，要做到语法合乎逻辑。语言要符合语法要求，具有系统性和逻辑性。

（四）强化运用的特点

所谓运用，是根据事物的特性加以利用。课堂教学中的"运用"，指的是在教学过程中，教师根据教学内容的特点，引导学生进行方法的迁移，使他们能够在具体情境中运用所学知识，实现举一反三的应用。在小学语文教学过程中，任何运用都是在学习者已经具有的知识经验和认知结构、已获得的动作技能、学习的情感态度等基础上进行的。学生在迁移运用的过程中，实现由得言到得法、由教过到学过的转变，从而达到方法的内化、能力的提升。教师要增强迁移运用的意识，善于根据课文内容和学生实际，准确选择运用的要点，巧妙把握运用的时机，帮助学生搭建迁移的桥梁。学生在尝试运用的过程中，语言积累得到强化，学习方法得到内化，语用能力得到提升，语文核心素养得到明显提高。由此可见，强化运用实际上是指向表达的重点和关键。

提高强化运用的实效，必须立足于学生已有的知识基础和生活经验，贴近学生的学习需求，激发学生运用的强烈欲望，鼓励学生大胆表达、个性化表达，经历表达的过程，体验表达的快乐。教师必须深入了解学情，充分了解学生，找准迁移运用的起点。教师要积极调动学生表达的积极性，激发学生表达的强烈欲望，创设表达的情境，鼓励学生个性化表达，发表自己的见解，将学生的权利交还给他们，让学生真正成为课堂的主角。

二、小学语文教学指向表达策略的路径选择

"指向表达作为语用背景下语文学习的有效实施策略，对提高学生的表达能力、提升语文综合素养的作用是显而易见的"[①]。小学语文教学是否指向了言语表达，要从两个层面审视：一是教学内容是否具有表达元素：教学内容要落脚在对文本文字的音形义理解，对文本用词造句的关注，对语言的特点及规律的探索，对文本篇章结构的借鉴。二是教学过程是否着眼表达能力。一般而言，语文教学要着眼"三个一"，即一笔好字、一副好口才、一手好文章，这"三个一"是最重要的表达基本功。课堂上，不管如何组织教学活动，都要紧扣"三个一"展开。要挤出充裕时间，指导学生写字；以熟读为基础，用多种形式理解、积累、运用语言，夯实言语表达基础；用背诵、复述、概括、改变表达等多种方式，训练言语表达技能。

指向表达的语文课，不仅要求教学的各个环节要为指向表达服务，还要求我们围绕提高学生的表达能力去主动整合资源，创设练习说话、练笔的机会，切实提高学生的表达能力。深入研究指向表达要求我们根据其基本要求和内在规律，探索语文教学中指向表达的基本路径，以提高常态语文教学中指向表达语用训练的学习效率。换言之，指向表达应贯穿于整个语文教学过程。探索指向表达的基本路径需要我们全面审视语文教学的方方面面，包括

---

① 刘吉才. 指向表达的小学语文教学［M］. 北京：中国书店，2019：37.

课前准备、课堂教学、教学内容的选择以及教学方法的应用，以期找到指向表达的内在规律和操作路径，从而切实提高指向表达的实施水平。下面将从选择内容、打磨过程、科学实施等三个方面来探讨指向表达的基本路径。

（一）选择内容——指向表达的前提

在语文教学备课的过程中，如何选择教学内容逐步成为备课的重点。在反复打磨的过程中，我们常常从研读课程标准、领会课标内涵开始，从文本表达的重点、学生学习的难点、语用训练的着力点、链接生活的训练点入手，力求找准指向表达的训练点，提高训练内容的针对性和实效性。下面以"一路花香"课文教学为例，探讨指向表达背景下教学内容的选择。

1. 确定指向表达的基本点

学生是学习的主体，我们的一切教学活动都要围绕学生展开，这就要求在确定教学内容时，要从学生的实际出发，充分了解学生的学习需求，下面先来分析常见的教学现象。

（1）教师对教学内容选择完全放手。表面上看，这种完全放手的教学过程表现出一种前卫的观念，教师将课堂的掌控权交还给学生，充分体现了"以人为本"的教学理念。教师尊重学生在教学内容选择上的权利，允许他们根据自己的偏好选择感兴趣的部分。基于"为了每一个学生的发展"的基本价值取向，我们在日常教学中需要引导学生积极主动地学习，主动探索，主动体验，从中获得乐趣。特别是在阅读教学中，应该鼓励学生自主选择、自行阅读、自我感悟，不能依赖他人的理解来取代自己的阅读实践。从这个角度来看，这种教学方式是可取的。然而，实际上，完全将教学内容选择的权利交给学生却暴露出了许多教师普遍存在的一些误区。一些教师误以为突出学生主体地位，强调尊重学生自主学习，就意味着要完全听从学生的意愿，允许他们按照自己的意愿学习和展示，教师不得干涉。若不这样做，就不符合"以人为本"的理念，就违背了教育改革的初衷。

教师把课堂还给学生，这本身是无可厚非的，课堂本来就是学生的，学生才是课堂的真正主人。从本质上而言，把课堂还给学生，对教师的要求反而更高了。小学语文教学要充分发挥师生双方在教学中的主动性和创造性，语文教学中教师的主导作用是重要的。只有充分发挥好教师的主导作用，才能真正体现"学生是语文学习的主人"。

（2）放弃引导学生进行自主感悟，由教师直接代言。一些教师在引导学生品味词语时，通常通过漏读的方式引出关键词语。在体会词语时，学生体会不深刻，或者不是教师想要的答案，一些教师会很着急。为了提高课堂"效率"，就会放弃耐心的等待，直接代表学生说出答案。此时，教师关注的不是学生的学习过程，而是自己的教学流程，此时我们需要在学生品味词语遇到障碍时，教师要学会等待。

当课堂生成问题后，学生思考问题、展开思维需要一定的时间。学生的思维有快慢之分，思维慢的学生需要等待，思维快的学生同样需要等待，只是等待的程度不同而已。有时，学生的思维很浅显，需要引向深入。此时，正是发挥教师引领作用的时候。如果学生的理解没有到位，教师可以把学生的注意力引导到文本中来，给学生时间，让学生潜心体会文章。等学生充分体验了学习过程、思维充分展开之后，学生的认识会登上一个新的台阶。语文课堂上，不是看完成了多少教学任务，而是要充分关注学生的学习过程。一些教师习惯于完成显性的教学任务，而忽视了学生体验、感悟这样的隐性教学任务。正是这样的隐性教学任务，往往影响着人的一生。

在小学语文课堂上，一些学生可能因自信心不足、害怕犯错误而无法回答问题，而并非缺乏能力，在这种情况下，教师需要学会等待。等待的本质是一种尊重。在这一时刻，所面对的不仅是一个问题，更是一个需要成长的个体，是一个希望表达自我的学生。对于教师而言，这样的等待可能只是短短几秒钟，但对学生而言，这却可能是迈向新境界、人生转折的关键时刻。教师若能学会尊重和信任学生，将给予他们无限的力量。"别紧张，慢慢来。""相信自己，你一定能做到！"这些充满人文关怀的鼓励之语能够让学生看到

成功的希望，重拾信心。

（3）读写迁移远离实际。生活是作文的源泉，语文习作教学应该与学生的实际生活密切相关，使学生能够轻松动笔，愿意表达。在安排随文练笔时，我们必须贴近学生的生活，建立起生活与写作之间互通的桥梁，确立起一个同步并融合的互动机制，消除练笔与生活之间的隔阂，让学生感受到一种熟悉的亲切感，找到表达的突破口，真正做到让学生有话可写、有情可抒。因此，教师需要从学生的日常生活中寻找练笔内容，可以引导学生写一些与他们生活密切相关的场景，因为这些场景能够唤起学生的共鸣，让他们有话可说，有情可抒。学生是学习的主体，我们所有的教学活动都应该围绕着学生展开。在确定教学内容时，必须真正从学生的实际需求出发，充分了解学生的学习需求，灵活运用教师的引导作用，实现从"教授教材"到"用教材教学"的真正转变。

2. 确定指向表达的训练点

（1）关注文本表达的重点。文本是学习的主要载体，它是编者根据课程标准编写的学习基本用书，具有权威性。教材的基础地位不容动摇。我们在进行语文学习时必须尊重教材，以教材为本，扎实地进行语言文字的训练，用好教材资源，提升学生的语文素养。我们在选择教学内容时，一定要基于文本，从文本表达的重点出发确定教学内容。在进行"一路花香"教学时，从文本表达的重点出发确定教学内容需要注意以下方面：

第一，从题目入手。从题目入手，就能很快抓住主要内容，要从课题入手，引导学生去文中寻找直接描写"一路花香"的三句话，体会这三句话背后的深刻内涵，为后面的深入学习找到一根循序渐进的线索。

第二，从内容入手。在与课文对话时，我们不仅需要培养概括能力，将一篇课文浓缩为一句话，还需要培养理解感悟能力，将一句话延展成一段话、一幅画面。例如，当课文描写了挑水工与破水罐之间的故事，以破水罐心情的变化为线索确定教学内容时，我们可以充分整合课文内容，突出主要线索，将散落在文中的内容有机串联起来。

第三，从体裁入手。每一种体裁都有特定的表达特点。"一路花香"这篇课文是一则寓言。寓言一般都借用一个假托的故事而言明一个深刻的道理，寓言中所包含的深刻的道理就是寓意。学习寓言，不仅要了解故事的主要内容，更重要的是要领悟寓言所包含的寓意，也就是领悟寓言寄托或隐含的某种意义，从而体会作者写这则寓言的目的，受到启发和教育。

（2）关注学生学习的难点。在确定教学内容时，需要立足于学生的实际情况，深入了解他们的学习需求，合理把握学习的难点，以提升学习效果。在确定语文学习的起点时，很多教师仍然以自己的视角为主，将学生置于被动接受的状态。他们可能会用自己童年的经历来推断学生的现状，或用成人的眼光来设想学生的生活，这实际上是在以教师为中心来规划学习内容，这种情况在日常教学中比较普遍。因此，在选择语文教学内容时，务必进行充分的学前调研，真正理解学生的学习需求和难点，从学生的角度准确地确定学习的起点。

例如，在检查预习的时候，发现学生很容易找到破水罐心情的变化，但是对心情变化的原因却很难理解。于是，将理解破水罐心情变化的原因作为重点、难点，引导学生反复体会。先是找出写心情变化原因的句子自读感悟，在书旁写批注，然后通过好水罐和破水罐的对比体会破水罐因比不上好水罐而惭愧，再出示破水罐和挑水工的对话，揣摩说话的语气，体会破水罐因对不起挑水工而惭愧，然后围绕"美好的景象"进行想象，体会破水罐的快乐，最后通过品读挑水工的话，逐步揭示寓意，体会破水罐的欣慰。

（3）关注语用训练的着力点。长期以来，我们在解读教材时，往往重视课文内容，写了哪些人、哪些事，表达了怎样的主题，对课文怎样写的，也就是对语言的关注程度不够，尤其对揣摩表达常常轻描淡写，一笔带过，作淡化处理。结果学生知其然，不知其所以然，导致学生学习选择力的弱化。

例如，"一路花香"一文内容浅显，语言直白，学生很容易理解，要注意选择语用训练的着力点。在反复研读课文时，可以发现许多看似平常的语言

背后，隐藏着极为宝贵的训练资源。如在体会"那只完好的水罐不禁为自己的成就感到骄傲"一句时，先引导学生体会从哪些词语可以看出好水罐的"骄傲"，再让学生比较"成就、成果、成绩"，然后将这三个词进行情境填空，从而充分体会好水罐的"骄傲"。在体会破水罐和挑水工对话时，先引导学生给对话补充提示语，再进行分角色朗读，揣摩人物当时的心情。在学习"这美好的景象使它感到一丝快乐"时，先引导学生边读边展开想象："呈现在破水罐眼前的是一幅怎样美好的景象？"然后出示相关图片，启发学生这美景："你想起了哪些优美的词"，最后及时出示一些描写鲜花的词语帮助学生进行语言积累。在学习挑水工的最后一次对话时，先让学生思考："课文写了破水罐心情的三次变化，有没有第四次心情的变化呢？"再引导学生从"早""利用"体会挑水工善于将破水罐的缺点转化为优点，让破水罐发挥自己的作用，破水罐由此心情变得欣慰起来。

（4）关注链接生活的训练点。随着课改的深入推进，当下的语文课堂正在掀起一股"语用热"。作为"语用热"典型表现的读写结合，几乎成了语用的代名词。不少学校甚至规定，语文课必须安排读写结合训练。读写结合训练在语用训练中的作用是很大的。生活是作文的源头活水。我们在安排随文练笔时，一定要贴近学生生活。

例如，在"一路花香"教学时要贴近学生生活进行读写结合训练。经过反复推敲，我们可以发现破水罐由于没有看到自身存在的价值，尤其是向己渗水的缺点也可以转化为浇灌出美丽鲜花的优点，而感到十分"惭愧"。在学生之间，也有许多学生，有的可能因为个子矮小而懊恼；有的可能因为力气太小而气馁；有的可能因为学习偏科而伤心……我们可以以此为切入点，让学生学习文中挑水工善于将别人缺点转化为优点的做法，也来劝劝这些同学。于是，在了解课文寓意以后，以"读了这个故事后，你想对他们说些什么呢"为题，引导学生把想对他们说的话写下来。由于以上现象在学生身边经常发生，学生一下子就找到表达的对象，愿意表达内心的想法。

（二）打磨过程——指向表达的基础

磨课就是某个教师在一定时期内，对某节课的教学反复地、深入地学习、研究与实践，使这个教师这节课的教学尽快地达到较高水平。通过磨课，可以更好地促进学生的发展，较快地提升教师的专业素养，生成教学智慧。指向表达的语文磨课需要注意以下方面：

1. 磨"文题"

小学语文教师磨课总是先从研读课文开始，因为这是学生学习的载体，研读课文最先看到的是课文的题目。题目，是文章浓缩的精华，是作者反复斟酌才最终确定下来的。正因如此，课文的题目才能言简意赅，准确贴切。课文的题目包含着许多重要信息，对深入解读文本有极大帮助。许多老师在磨课时，往往直接跳过课题和课文对话，忽视对课文题目的推敲，浪费了宝贵的资源，有时甚至造成对课文的误读。因此，我们在磨课的时候，一定要从课文的题目入手，做到磨课先磨"文题"。

2. 磨"习题"

课后习题实际上是教材文本的重要组成部分。每一道课后习题都是编者根据所学知识的重点和难点精心设计的，是确立教学目标、教学重难点的依据，也是课文学习向课外延伸的基点。

（1）研究课后习题，明晰学习目标。课后习题都是编者根据教学目标精心设计的，而且分条呈现，一目了然。我们通过仔细研读可以帮助我们很快地明晰学习目标，发挥课后习题的导航作用。

（2）巧用课后练习，理清学习思路。细心的语文教师在研读文本时就会发现课后练习也是文本的有机组成部分，很多课后练习体现了教材的重点、难点，点明了教学目标，如果我们在磨课时能充分利用这一资源，就能有效地寻找到教学的切入点，巧妙地串联起教学的流程。

（3）活用课后练习，丰富实践活动。语文教材通常安排与课文内容相关

的练习，这些练习旨在加强语文实践活动。语文教师应善于利用这些练习中的语文活动资源，开展丰富多彩的语文实践活动，以此拓宽语文教学的途径，激发学生对语文学习的兴趣，并提升他们的语文素养。

总而言之，习题是教师开展备课预设、课堂教学和语文实践活动指南针。在磨课时一定要格外关注课后习题，善于挖掘课后练习这座丰富的课程资源宝库，充分发挥课后习题在指向表达训练中的导航作用。

3. 找准切入点

我们在磨课的过程中，主要从学生和文本两个角度进行打磨。学生方面，要充分了解学生的学习需求。对于学习的内容，学生已有的学习基础，可能产生的困惑，学生感兴趣的学习方式等，教师都要充分掌握。唯有如此，才能真正做到贴近学生实际，有效促进学生的发展。

（1）研内容，找切入点。若要让课堂教学显得富有特色、深具内涵，首先需要对课文内容进行个性化的解读。只有深入理解课文内容，才能探索其中潜藏的深刻内涵。有经验的教师通常会以了解内容为起点，反复研读教材，发掘自己独特的解读观点，进而帮助学生巧妙地与课文展开对话。这种方法使得学生能够逐渐深入文本，深入人物的内心世界。

（2）品语言，找生长点。小学语文学习的基本任务是发展儿童语言——在品词析句中提高儿童理解语言的能力和运用语言的能力，这是语文学习的根本。在语文学习过程中，语文教师要引导学生紧紧抓住关键语句，反复品读感悟，理解词句背后的深刻内涵，走进人物的心灵深处，让语文课真正具有语文味。

（3）巧练笔，找共鸣点。长期以来，语文学习非常重视朗读训练，学生在教师的引导下，一咏三叹，书声琅琅。学生通过朗读，和文本对话，走进人物内心，触摸高尚灵魂。如果还有所欠缺的话，那就是课堂上动笔的机会不多，写的训练尚显不足。可能许多老师认为，写的训练场面冷清，耗时较多，难出效果。实际上，随文练笔是"阅读与习作"的中介，是达到"拓展思维空间，提高阅读质量"的有效途径，是提高学生作文水平的一条捷径。

4. 走出常见误区

由于备课对于课堂教学的重要性日益凸显，备课工作已经受到广泛关注，从而实质性地提升了语文课的教学质量。然而，为了追求理想的教学效果，打造所谓的"精品"课堂，许多教师在备课过程中存在一些常见的误区，这是需要引起重视的。下文将主要探讨教学方法方面的一些常见误区。在备课过程中，一些教师往往倾向于采用那些引人注目的教学方法，以吸引学生的参与，活跃课堂气氛。他们可能会使用视频播放、情境创设、小组合作、实践体验等方式，这种教学方法的多样性和创新性固然有益，可以激发学生的学习兴趣，促进学生更好地突破学习中的难点，提高学习的效率。

但是，也要防止教学方法的标新立异，尤其是脱离教学内容和学生实际，违背学生学习规律，一味地追求所谓教学效果的新奇方法。小学语文教师在预设教学方法时，首先，要从学生实际出发，符合学生的年龄特点和生活实际。既有利于激发学习兴趣，活跃课堂气氛，又贴近学生生活。只有这样，学生才会积极参与。其次，预设教学方法还要从文本实际出发，既紧扣文本，立足语言，又适度超越，把对语言的感悟引向深刻。

（三）科学实施——指向表达的关键

培养学生表达能力的关键在课堂，重点在教学实施的过程。内容选择再精准，过程打磨再精心，离开了科学有效的实施，学生表达能力的培养也就无从谈起。可见，科学有效的实施在指向表达的语文课中至关重要。下面对指向表达的语文教学实施过程进行分析，阐释科学实施指向表达的教学过程。

1. 预习

预习作为对课堂学习的提前准备，是课堂教学的前导，是一种良好有效的学习习惯。就课前预习而言，实际上是学生自觉运用所学知识和能力，对课上将要学习的内容预先进行了解，求疑和思考的主动求知过程，为课上学习做好充分准备。许多老师在引导学生预习时，要么完全放手，不布置任何实质性任务，学生怎么预习都可以；要么包办代替，提供背景资料，补充知识积累，布置一系列预习作业，学生被动预习。这就造成学生对于预习普遍兴趣不浓，无法养成良好的预习习惯。在引导学生预习时，教师应该从激发兴趣、养成习惯、方法指导入手，着力培养学生预习的习惯，取得了较好的预习效果。

（1）激发兴趣是前提。激发小学生对预习活动的兴趣是非常重要的。要想有效地进行预习工作，就必须注重激发学生对预习内容的兴趣，从而培养起良好的预习习惯。为了激发学生对预习的兴趣，可以采取以下三个方面的做法：首先，建立完善的激励机制。小学生通常具有较强的上进心，通过激励机制可以有效地调动他们对预习活动的兴趣。其次，进行分层布置预习作业。由于学生的学习基础和需求各不相同，因此在布置预习作业时，应充分考虑学生的差异性，科学合理地设计预习任务。最后，创新预习方式。在布置预习任务时，应注重创新预习方法，将知识性与趣味性相结合，从而激发学生对预习活动的兴趣。

（2）方法指导是关键。预习的本质是自学。要提高学生自主预习能力，必要的方法指导是保证。有了科学有效的方法，不仅可以规范预习行为，还可以提高学生预习的效率，真正实现自主预习，培养自学能力。为了帮助学生逐步学会预习，便于进行预习方法指导，我们可以尝试着将初读前移，即将课上的初读环节前移到预习，手把手地引导学生学会预习。这样可以使学生知道预习分几个步骤，从哪些个方面入手，达到怎样的要求。以课文预习为例。在平时的教学过程中，为了提高预习的实效，可以尝试总结出阅读教学"四步预习法"，即一读、二查、三找、四思，既明确了预习的基本要求，又提出了简便易行的操作方法，取得了较好的预习效果，具体流程如下：

一读，即初读课文。课前预习实际上是为课堂上深入学习做好充分准备的。所以，我们在要求学生预习时，第一步就是把课文读熟。在要求学生读课文时，可以提出三个层次的要求，即读正确、读通顺、读出情感。学生通过预习，要达到读正确、读通顺，力争读出情感。先提出量上的要求，开始预习课文的时候，必须要读课文两到三遍，而且要边读边作标记，把不认识的字、不理解的词句，用醒目的符号圈画出来。为了引导学生预习，还可以对学生进行预习读课文的方法指导。让学生以小组为单位，先个人自读，再同学互读，再由组长检查圈画的情况。这样一步步地把预习的方法教给学生，使之逐渐成为一种习惯。

二查，即查工具书理解生词。在初次阅读课文时，小学生常常会遇到生词和生字。为了解决这个问题，可以要求学生在预习课文时，必须在旁边备有一本字典或词典等工具书。读完课文后，学生应该圈出遇到的生词和生字，并利用工具书查清它们的发音和意思。为了帮助学生提高查字典的效率，教师可以教授他们一些简便的查字方法，例如在字典旁标注音序的起止范围，快速记忆常见的部首，或者组织查字典比赛等。同时，学生还应该将查出的生词的音和义写在其附近，以便在日后的阅读中加深印象，更好地理解。

三找，即找与课文相关的资料。小学教材中的许多课文都是一些长篇作品的节选，或者和一定的时代背景联系在一起。在学习课文时，需要借助这些相关资料来理解。学会搜集、整理资料，也是当代学生必须具备的基本能力。因此，在布置预习任务时，可以要求学生必须在书头写上与课文相关的资料。可以查阅相关工具书，可以上网浏览。在上课之前，只要检查一下学生书头的摘抄情况，就知道学生预习的程度了。

四思，即质疑问难。预习的目的，是让学生习得方法，形成能力，养成习惯。学生通过一读、二查、三找，对课文已经有了大致的了解，但这还远远不够。俗话说：不会提问的学生就是不会学习的学生。为此，预习要学会质疑问难，就是边读边思考。要鼓励学生再次回到课文中，边读边思考，为深入学习做充分准备。

教师可以从以下方面去思考：思课题，思内容，思脉络，思疑难。首先，思课题，想想该写的内容。题目是文章的眼睛。一般文章的题目都是经过反复推敲、斟酌的。看了课题，想想课题告诉我们的内容，主要应该写的内容，产生应有的阅读期待。其次，思内容，课文写了哪些内容。可以通过把几个自然段的意思合并来概括，也可以到文中找关键句子。再次，思脉络，课文按哪些顺序来写的，写了几层意思。现在的阅读教学，朗读指导非常到位，随处可见一咏三叹的深情朗读，但是揣摩表达却做得不够，其实，揣摩表达也是写作训练的前奏、基础。学生通过思脉络，了解课文的表达顺序，写起作文来也就轻车熟路了。最后，思疑难，想想有哪些不懂的词、句和问题。这既是培养学生的问题意识，也是为上课深入学习、精彩生成做准备。为便于反馈，我们要求学生把自己的问题写在课文相关内容的旁边，便于上课及时质疑问难。

（3）养成习惯是保证。预习是一种良好的学习习惯，它培养了学生自学习惯和自学能力，有效提高了学生独立思考问题的能力。为了帮助学生养成预习的习惯，在平时的教学过程中，语文教师可以采用以下方法：

第一，实行书头预习。许多小学生在进行预习时可能缺乏浓厚的兴趣，并且很难坚持下去。其中一个重要原因是预习作业通常较多，要求也过于繁杂。为了简化预习环节，减轻学生的抄写负担，我们在平时的教学中要求学生在预习时实行书头预习。所谓书头预习，即在书本上展示预习成果。当然，书头预习并非要求降低，而是一种实质性的操作。可以要求学生在书头预习时做到"五好"，即准确标注小节号、划出生词、写下词语意思、做好摘抄、记下提出的问题。学生对于这种简便易行的预习方式通常感兴趣，长期坚持下去，很容易养成预习的良好习惯。

第二，注意形式多样。许多学生预习半途而废，还有一个很重要的原因，就是预习形式单一。我们在布置预习时，注意把预习与课外阅读相结合。课本中许多课文是长篇作品的节选，大部分作者还有其他代表作品，许多文章的主题是相同或接近的，这就为有效开展课外阅读提供了大好契机。在布置预习作业时，要求学生搜集、阅读相关的文章。这样做，从某种程度上就迫使学生进行不间断的预习，进而养成习惯。

第三，做到每日反馈。为了帮助学生养成预习的习惯，在每天的语文课上，课始可以安排检查预习的环节，做到每日反馈。让学生以小组为单位进行书头预习检查，初步交流预习中遇到的困惑。然后将小组无法解决的问题提交全班进行讨论。这样，就把预习和课堂学习有机结合起来，使新课的学习更有针对性。同时，也避免了学生检查预习中出现的许多不足，起到很好的督促作用。

2. 导入

作为一堂课开端的导入，对学生的情绪和整堂课起到引领作用。作为上课开始的导入，起着凝神、激趣、引题的作用，为后续的深入学习做充分准备。我们不能在上课伊始过分渲染，不分主次，偏离重点，过于牵强。在导入时，要用通俗易懂的语言表述，努力增强导入的针对性，发挥导入对整堂课的引领作用。就指向表达的导入而言，可以从三个方面着手，用通俗易懂的语言引入新课，增强导入的可操作性、针对性：① 铺垫内容。一般叙事性、说明性内容可以采用从内容入手的导入方法，课始交流与课义有关的内容，交代背景，拓宽视野，为学习课文做内容上的铺垫。② 蕴蓄情感。许多课文情真意切，催人泪下，导入时可以从学生相关的经历入手，蕴蓄情感，为深入学习做好情感准备。③ 提示学法。如果已经学过同类型课文，可以从复习同类型课文导入，提示学法。当然，我们在预设导入方法时，要综合考虑学生、课文内容和教师的实际，在轻松愉快的氛围中，激起学生学习的强烈欲望，使课堂导入真正成为乐曲的引子、戏剧的序幕。

3. 初读

在阅读教学中，通常在深入学习课文之前会安排初读课文的环节，旨在帮助学生克服生词障碍，理解课文内容，把握课文脉络，为深入学习课文做好充分准备。然而，许多老师在阅读课上安排初读环节时，要么过于放手让学生自由选择，要么要求不够明确，导致初读课文形式化，效果不佳，直接影响了后续深入学习的效果。以下情况需要注意：

（1）教师范读代替学生朗读。在课文第一课时的学习过程中，尤其是在各种公开课、观摩课上，为了展示教师良好的语文素养，在初读小学语文课文环节，很多教师选择了教师范读的形式，来取代学生朗读。实际上，从根本上而言，在初读环节，范读并不利于学生整体感知课文，理应把初读课文的权利还给学生。

把初读课文的权利还给学生的原因在于：首先，初读环节中教师的范读行为剥夺了学生的权利，体现了教师中心主义的倾向。在初读环节中，学生面对一篇陌生的课文，如果没有进行充分的预习，他们的了解相当有限。我们应该将初读课文的时间还给学生，让他们直接接触语言文字，捕捉相关信息，对课文有一个直接、全面的了解。其次，教师的范读并不能激发学生主动地理解课文。在操作上，范读往往表现为老师读、学生听，学生是被动接受者。从本质上看，范读忽视了学生主动参与的重要性。教师应该引导学生在自主朗读课文时带着任务，通过多种感官和文本的亲密接触，初步全面地理解课文，为与课文展开深入对话打下坚实的基础。

（2）表述含糊掩盖要求不清。在安排学生进行初读课文时，指定特定任务可以提高初读的效率。因此，教师在准备初读环节前，应当明确学生需要完成哪些任务，这些任务可以口头传达，也可以书面表述。然而，一些教师在安排学生初读时，任务表述过于笼统，导致无法评估任务完成的程度。有些教师要求学生"大声朗读课文"，有的要求学生"快速浏览课文，稍后交流"，还有的要求学生"自由朗读课文，观察产生的疑问"，这类表述在我们的阅读教学中时有出现。一些教师可能认为这是初读环节，学生对课文了解有限，因此布置多项任务可能难以完成，因此更倾向于让学生简单地阅读一遍课文，将其他任务留待深入阅读时再解决。

实际上，教师在进行教学预设时，要有很强的目标意识。通过这一环节的学习，要达到怎样的预期效果。如果连自己都不清楚目标指向，那就无法高效学习。上述种种笼统、含糊的要求，指向性不明，表述含糊掩盖要求不清，这就造成教师难以对学生的初读进行评价。"大声朗读课文""快速浏览课文"，实际上都是指的初读课文的方式，在初读的过程中究竟要做的内容，教师实际上没有涉及。

教师在安排初读环节时，要交代清楚学生要完成的任务：是理解词语意思，还是概括课文内容；是画出相关句子，还是提炼小标题。如果要求较多，可以分条目呈现。还有，学生读完全文需要一定时间，初读要求最好能呈现给学生，可以简要地写在黑板上，或用电教设备呈现。如果涉及数量，要具体说清楚，如读几遍、画几句、提几个问题、写几处批注。这样学生在初读时，就知道该往哪个方向努力，达到怎样的程度，从而提高初读的实效。

4. 质疑

在小学语文教学中，培养学生的问题意识得到越来越多的关注，语文课程要充分激发学生的问题意识和进取精神。语文课上培养学生问题意识已经成为语文课程的基本理念。在指向表达的语文课上培养学生的问题意可以从以下方面着手：

（1）聚焦课文——让学生善于提问。培养学生的问题意识，先要帮助学生学会提问。引导学会从课文中善于发现问题，产生疑问。在语文课堂上，问题应当聚焦课文内容，贴近学生生活，避免问题大而不当、离题万里：① 课题质疑。课题起着概括内容、点明中心、交代背景等作用，是文章不可缺少的部分，学课文一般也是从课题开始的，引导学生学会提问先要从质疑课题入手。② 课文质疑。课文内容既是文本的核心，也是培养质疑能力的重要依托。在学习课文内容的过程中，教师应始终将培养质疑能力置于重要位置，引导学生通过自主阅读、合作讨论，逐步深入与文本进行对话，不断提出有意义的问题。③ 拓展质疑。在阅读教学中，如果就课文学课文，就会一叶障目，不见森林，就会限制了学生的发展。

（2）以问激问——让学生敢于提问。培养学生的问题意识，还要鼓励学生敢于提问。作为教师，要从学生长远发展的高度，鼓励学生敢于提问，不迷信书本和老师。

事实上，教师通过提出引人深思的问题可以帮助学生重拾自信。学生普

遍具有对教师的尊敬和信任，特别是小学生。他们把老师视为权威和榜样，喜欢模仿老师的行为。通过巧妙提问，教师可以引导学生思考，例如："老师一开始也和你们一样找不到问题。再仔细读一读，老师产生了一个问题，小女孩是怎么摘花瓣的？你们再仔细读读，是不是也像老师一样，产生了新的问题？"这样的引导让学生感到，原来老师也曾经面对困惑，而通过仔细阅读，他们也能像老师一样产生新的问题。

教师通过展现自己的困惑和提出激发性问题，可以为学生提供一种激励，激发他们的自信心，从而培养他们的批判性思维和解决问题的能力。在课堂上，教师偶尔展现自己的不足，可以唤起学生的学习兴趣，活跃课堂气氛，并重建学生的自信心。当学生遇到困难时，教师可以表达类似于"老师也曾经面对类似的挑战……"的话语，以此鼓励学生。同时，当学生做出出色的表现时，教师可以称赞他们，例如说"你的表现比老师还出色……"这样的表扬会让学生重新获得自信，产生前所未有的成就感。

教师以问激问需要注意时机的适时适度。适时即指在学生遇到困惑、无法提出有价值问题、无法与文本建立对话时，教师应该及时示弱，为学生提供质疑解惑的方法，开启他们与文本对话的途径，帮助他们找到解读的线索。例如，教师可以说："老师一开始读课题，也和你们一样找不到问题……你们再仔细读读课题，是不是也像老师一样，也产生了新的问题？"适度即指在提问时不要过于刻意，避免让学生感觉到教师在做作。教师提出的问题应具有一定的思考深度，发挥示范引导的作用。在教师的引领下，学生能够沿着教师的思路，轻松地找到提问的方向，从而提出有价值的问题，这体现了教师适度激问的智慧和引导作用。

5. 指导

提高指向表达实施效率的关键在于充分发挥教师的指导作用。通过教师的有效引导，帮助学生明确内容选取、方法选择，并科学实施，以提升效率。在学生学习课文过程中，常见的情况是学生理解不当、无法找到与课文对话的切入点。通常而言，学生会表现出困惑之态，期待教师的指引。在这种情况下，教师以点拨为主导的教学法发挥着关键作用。点拨式教学法旨在引导、启发学生运用已掌握的原理和知识，通过逻辑推理，纠正错误想法，得出正确结论。教师在点拨过程中需要准确把握学生的心理和智力水平，随时调整教学策略，以促进教学与学习的统一，实现学生知识掌握与智力发展的协调。

在小学语文教学中，教师的角色不仅是启迪学生思维、指导方法、重塑学生信心和表达能力，还应将点拨作为指向表达的重要教学策略。其中，伙伴互助点拨是一种突出的教学亮点。例如，合作学习作为课程改革中积极推崇的学习方式之一，在学生对课文解读遇到困难时，我们可以将学习的主动权交还给学生，采用小组合作学习的方式。学生以 6～8 人组成学习小组，围绕困惑进行讨论，相互启发。这样做不仅将点拨的权利交给学生，还促使伙伴们在合作学习中相互点拨。在进行伙伴互助时，首先，要明确讨论的问题，聚焦困惑，从多层次、多角度深入探讨。其次，要有序组织，指定一名组长进行安排，并给每个小组成员确定角色，如记录员、监督员等，以提高效率。此外，在讨论时要学会倾听，不随意打断别人的发言。最后，教师也要参与讨论。通过讨论过程，学生相互启发，取长补短，必将激发出智慧的火花。

第五节　小学语文教学中的生活化策略

一、调整生活化小学语文教学的内容

小学语文"教学生活化"要想发挥真正的价值，"就要求教师能够对教学内容和生活素材进行良好整合，构建完整的体系，从而达到有效的教学"[①]。因此，在小学语文"教学生活化"教学中，教师需要注意以下方面：

---

① 徐凤杰，刘湘，张金梅，等. 小学语文教学生活化的策略与研究［M］. 长春：吉林人民出版社，2021：241.

（一）在生活中筛选语文教学的内容

语文内容起源于生活，生活当中有很多语文内容。在小学阶段，让语文教学变得生活化有助于学生将语文学习和生活联系起来。语文教学生活化的实施需要由语文教师负责，语文教师要指引学生，帮助他们更好地感受生活，因此，语文教师首先需要热爱生活，这样，才能从生活当中发现更多的语文知识。只有语文教师善于观察生活，才能将观察到的内容引入到语文教学当中。在日常生活中，语文教师要敏感地感受生活，积累能够应用在教学当中的生活素材，并且对生活素材进行分类，然后，在教学的过程中灵活地选择适合的生活素材，让生活素材为语文教学服务。

（二）根据教学的内容选择生活素材

教材是教学内容的依据，小学语文教材为教师提供了每堂课的基本教学内容，教师在进行小学语文"教学生活化"前，需要对教材进行深入钻研，以此确定教学的方向，选择合适的生活素材。

1. 明确教学生活化的重难点

小学语文教学生活化最重要也是最困难的地方在于如何将语文教学和学生的实际生活联系起来，联系的构建需要依赖语文教师。只有语文教师对教材有正确的领悟，清楚地辨别哪些是教学重点和难点之后，教师才可能针对那些重点和难点进行生活化处理，帮助学生正确理解和吸收语文教学重点知识、难点知识。如果语文教师没有办法正确判断教学重点和教学难点，语文教学生活化就不会取得理想效果。例如，如果教材内容是和名人事迹有关的，语文教学就应该重点学习人物的具体事迹，语文教师就应该引导学生了解人物的伟大精神和伟大思想。语文教师在讲课的过程中，可以将伟大人物的具体事迹和学生的实际生活事迹进行对比，让学生判断和感受伟大人物思想和精神的伟大之处，这样，就可以突出教学重点。而文章当中的其他背景知识或者其他相关人物，教师可以粗略带过。

2. 确定生活素材广度和深度

生活素材广度指的是语文教学内容当中涉及的生活素材的具体范围以及生活素材的具体数量。对于小学生而言，生活素材广度指的是一节课学习过程中他们接收到的所有生活信息的量。语文教学生活化过程当中，生活素材广度和教学内容数量、教学内容复杂程度都有紧密的联系。假设所选用的教材呈现出相对单一的教学内容，教师可巧妙地引入更为贴近实际生活的素材，以丰富学生的学习体验。通过在教学中融入生活场景的相关素材，有助于拓展语文学科的知识领域，使学生能够更深刻地理解和记忆所学的语文知识。当教学内容较为繁杂且涵盖广泛时，教师应在合适的时机和必要的情境下，巧妙地将学生的实际生活与语文学习相融合，以确保学生更好地理解和掌握所学内容。

生活素材的深度指的是生活素材的概括程度、抽象程度。同一个生活素材可能会呈现出不同的深度特征，教师在确定生活素材深度的时候，要考虑到学生当下的认知水平、思维水平。小学初级阶段的学生年龄比较低，思维发展不成熟，认知水平相对较低，没有较多的生活经验，所以，教师在选取生活素材、确定生活素材的深度时，要选择那些相对简单生动形象的素材。例如，讲解和亲情有关的文章内容时，教师可以引导学生联想自己的爸爸妈妈或者其他的家人。在讲解和景色有关的文章内容时，教师可以引导学生联想生活当中遇到的一些美丽的景色或者事物。当学生处于较高的年级时，教师可以为他们提供相对概括、相对抽象的生活素材，并且引导学生使用教材当中的内容表现方式、内容表现手法去描述生活当中的实际现象、实际事物。

3. 从教材中挖掘生活化内容

小学语文教学生活化除了要求教师分析和提取教材当中的教学内容之外，还要求语文教师努力挖掘生活当中的语文教学元素，这样，语文教学可以和生活更好地结合，小学语文教学生活化也能够获得更理想的教学成果。

但需要注意的是，生活当中的语文教学素材比较多，语文教师在选择的时候需要有目的、有标准，不能只选择自己主观上觉得有趣或者主观觉得喜爱的，一定要考虑到素材和教学内容之间是否贴合，也要考虑到素材是否适合学生当下的理解能力，这样，小学语文教学生活化才能是有价值的，才能取得一定的教学意义。教师可以将生活化的语文素材和教学内容充分组合，可以根据自我教学的需要编排教材内容的顺序。

二、创设生活化小学语文教学的情境

为了迎合学生的学习状况，语文教师可以创设生动而贴切的生活场景，以满足学生当前所需掌握的知识。这一创设包括通过具体而形象的材料、图片、音乐等资源，构建出反映社会生活的情境。通过这种方式，教师旨在点燃学生的学习热情，丰富他们的生活体验，并提升他们在语文学科中的学习成就感。整个过程的目标是通过生活情境的建构，完成对语文知识的全面构建。

（一）生活实例导入课堂

语文课堂想要获得成功，必须注重思维活动，如果思维活动是创造性的，是有启发性的，语文课堂活动就能够更好地激发学生的兴趣，吸引学生的关注，学生也会形成对知识的强烈的探索欲望。所以，课堂导入部分至关重要，课堂导入部分的设计是否成功会直接影响到语文课程的最终的教学效果。课堂导入部分可以使用多种方法，小学语文教学生活化强调要在课程导入部分使用符合学生当下认知和喜好的生活实例。教师可以借助生活当中的真实事例为学生解释语文知识或者语文内容，但是，实际的调查过程中发现，有一些教师在引入生活实际事例的过程中存在一定的问题，所以，为了让生活实例的导入可以发挥出更大的价值和作用，教师在引入的过程中，要遵循以下原则：

第一，生活实际事例的选择必须要与学习的语文内容紧密相关。生活中存在着无数的事例，教师不应随意挑选，而应从中选择与语文学习内容密切相关的例子。只有这样，课程导入的设计才能真正发挥作用。例如，对于"触摸春天"这节课，教师要引导学生理解盲童热爱生命的原因。当教师解析盲童对生命的热爱时，学生也会懂得珍惜生命的道理。在讲解这篇课文时，如果教师让学生了解春天、观察春天，教学的主旨就会偏离。正确的做法应该是引导学生表达他们对春天的感受，特别是引导他们表达除了视觉方面以外的其他感受，这样更符合课文中盲童的身份特点。

第二，教师要选择与学生当下认知水平一致的生活事例。教师要对学生当下的认知能力认知水平有充分的了解，在此基础上，选择适合的生活事例。例如，在语文教学中，若课文所描绘的时代与学生当前所处的时代存在显著差异，教师应引导学生通过联系他们在电视或网络中接触到的与那个时代相关的事物，而非仅仅以自身主观经验向学生描述该时代的具体感受。通过这种引导，学生被激发去进行联想和想象，有助于他们对时代背景的深层次理解。鉴于小学生普遍具有较为有限的认知水平，因此，在选择具体生活事例时，语文教师最好挑选浅显易懂的案例，以确保学生更好地理解所涉及的时代背景。

（二）注重学生自身需要

马斯洛的需要层次理论认为，人的需要是分等级的，按照从低到高的顺序可以划分成七个等级，分别是生顾、安全、归属和爱、自尊、认知和理解、审美以及自我实现。在同一等级内，可以按照学生需求强度的差异将需求划分成不同的层次。在学生的成长过程中，学生的低级需要得到满足之后，才会产生高级需要。教师可以根据学生需要的等级特点，为学生提供符合他们目前发展需要的教学环境、教学内容。学生的各项需求得到有效满足后，他们更愿意投入语文学习，并且会对学习产生更强烈的动机。小学语文教师平时应该仔细观察、认真分析、多思考、多倾听，只有这样，才能真正了解学

生的需求，从而提供符合这些需求的教学服务。此外，语文教师还可以在课程开始之前让学生填写预习单，这样可以更好地了解学生的学习难点。

（三）选择正确创设形式

创设形式有很多，在具体的教学过程中，小学语文教师可以结合实际教学需要选择适合的创设形式。例如，创设生活化的问题情境，这里的问题情境是语文学习涉及的一个基本概念，问题情境包括学生面临的语文问题，也包括学生目前已掌握的经验。教师在为学生设置生活化的问题情境时，需要考虑到学生目前掌握的生活经验，然后为其设置适合的问题情境，让其可以在和生活有关联的问题氛围当中思考语文问题。创设生活化的问题情境最大的优势是能够激发学生对语文知识的学习欲望，能够促进学生对语文知识的理解和运用。在实际教学过程中，教师常用的生活化问题情境创设方式有"悬念式"生活化问题情境、"探究式"生活化问题情境、"活动式"生活化问题情境。

（四）丰富语文课程资源

生活化语文课堂的构建需要大量的语文课程资源提供支持，所以，必须挖掘那些潜在的语文课程资源。学校需要按照学校的办学特点，针对性地进行资源挖掘，学校管理者应该形成强烈的资源意识，在充分使用已经获得的资源的前提下，主动开发隐藏的语文资源。尤其是要挖掘人力资源以及其他生成性资源。语文教材是所有资源中最为明显的资源之一。教材提供了许多形象生动的图片，这些图片为语文教学提供了丰富多样的素材。在教学过程中，教师可以充分利用这些图片资源，使得教学内容更加生动多样。例如，在讲解字音字形时，教师可以适度运用辅助性卡片，帮助学生更好地记忆汉字和拼音。然而，需要特别注意的是，其他资源的运用必须适度，因为这些资源只是辅助学生更好地认识事物和获取知识的工具，不能替代教材的地位。

三、完善生活化小学语文教学的方法

（一）通过自主合作，探究语文的知识

自主合作探究在小学语文"教学生活化"中主要有以下教学策略：

1. 增强学生自主学习语文的意识

自主合作探究教学法强调，在学习过程中应该先让学生自主地提出语文问题。例如，可以使用课前预习、课上独立思考以及课下自主复习的方式来培养学生的语文自习意识。特别是课前自主预习至关重要，自主预习的优劣直接影响到学生对新知识的吸收和理解程度。学生在自主学习过程中表现为独立的个体，其对学习内容的兴趣点和研究方向存在差异，因此，自主预习的结果呈现出一定的不确定性。举例而言，有些学生可能更倾向于深入研究文学作品的创作者，而有些学生则可能更偏向于深度挖掘作品的内在内容。从教学角度而言，应当赋予学生更大的自主预习空间，避免强制性地安排过多的预习任务。教师在引导学生进行自主预习时，应该注重引导学生按照个体兴趣的方向对课文进行深入研究。

在课堂当中，教师应该给学生更多独立思考的机会，培养学生的自主思维。例如，教师可以给予学生一定的时间，让学生自主地独立地思考某一个问题，并且提出思考当中的疑问。语文教师要尽可能地肯定学生提出的问题，鼓励学生积极思考。

课后自主学习可以无限地延长课堂的外延，但是，小学生没有较强的控制力，如果课后学习过程中没有教师的有效监督，学生的习惯养成可能相对困难，特别是在传统的教学模式下，课后学习更侧重于复习语文知识点，而没有强调学生自主学习习惯的养成。所以，教师在布置课后学习任务的时候，应该尽可能地减少机械性的抄写、默写或者背诵，应该尽可能地增加一些能

223

够调动学生主观思考的课后任务，这样更有助于学生形成学习兴趣，养成自主学习的好习惯。

2. 创设合作契机，培养探究意识

现代语文教学非常注重合作探究的学习模式，合作探究的学习模式符合语文教学生活化的教学需要。使用合作探究模式，语文课堂更有活力，学生的主体性可以更好地体现，学生更容易形成学习的主体意识。在长时间的自主学习之后，学生已经可以提出自己在学习过程当中的疑问，而合作探究学习则是帮助学生、引导学生通过合作的方式自主处理问题。通过合作小组，学生可以形成更大的力量，小组探究将会获得更多的智慧，问题也更容易解决。合作探究有很多的形式，不仅仅局限于学生与学生的合作，还可以是师生合作。小学语文教学生活化强调在合作探究的过程中，语文教师应该适当地给予一定的指导，引导学生处理问题。

合作探究学习活动的组织要求教师遵循以下步骤：首先，科学合理地分配小组人员，一般而言，如果小组成员过少，小组成员能够分享能够交流的信息就会很少；但是，如果小组成员过多，每一位成员的活动参与度就可能得不到保障。所以，教师必须将小组人员的数量控制在科学合理的范围内，这样，交流才能是多样的，每一个小组成员也才能有效地参与到小组讨论当中。其次，小组合作讨论的内容和主题需要由教师确定，只有在主题确定明确的情况下，合作探究学习活动的开展才能是顺利的，如果没有一个明确的主题或者主题覆盖的内容比较多，合作就不会有确定的方向作为指引，所以，教师需要仔细研究教学内容，然后选择符合教学内容并且和学生生活有一定联系的内容作为合作探究的主题，这样，可以更好地激发学生的兴趣，让学生更加积极主动地参与到讨论活动当中。最后，在进行合作探究评价时，教师应选用适当的方式，并在评价过程中尽量采用鼓励性的语言。这样一来，学生更容易感受到成功的喜悦，从而促使其积极参与未来的合作探究活动。同时，教师还应全面考察整个小组的表现，从整体的角度进行评价，以引导学生充分认识到合作的力量及其重要性。

（二）利用快乐游戏，感知和应用语文

小学生普遍对游戏表现出浓厚兴趣。因此，在语文教学中，如果教师能够以生动形象和贴近生活的方式呈现课本中的语文知识，学生将更愿意接受这些知识，并更积极地参与这样的教学模式。由于考虑到小学生对游戏的喜好，学术界逐渐发展出游戏教学法，该教学方法强调通过游戏方式达成教学目标。在采用此种教学方法时，对教学内容的表述要具备生动形象的特质，同时教学方法应当具备丰富多样的特性。小学语文教学生活化过程当中，游戏教学方法的运用可以使用的教学策略有：① 可以使用角色扮演的方式，让学生进入到某一个角色当中，然后为学生构建一个生活场景，让学生在生活化的情境当中学习语文知识。这样，课堂就不再是刻板的、枯燥的、无聊的，而是能够重现真实生活情境。② 使用竞赛游戏的方式运用语文知识，在竞赛游戏当中，学生能够更好地将语文理论知识转变成具体的实践行动，这极大地促进了语文知识的运用。

参考文献

［1］曾春才. 核心素养视角下开展小学语文阅读教学的策略［J］. 福建茶叶，2020，42（4）：255.

［2］常洁. 浅析小学语文教学评价［J］. 中国校外教育（中旬刊），2017（6）：64.

［3］陈晓波. 数字技术赋能小学语文课堂教学：路径与策略［J］. 语文建设，2023（12）：10-12，20.

［4］单新涛，王艳. 小学语文阅读教学中的价值偏离与引领［J］. 教育导刊（上半月），2014（10）：74-76.

［5］丁迎淑. 小学语文课堂导入的几点思考［J］. 南北桥，2019（23）：38.

［6］伏茜. 小学语文综合性学习教学方法创新探讨［J］. 智力，2023，（29）：80-83.

［7］高雅洁. 小学语文智慧化课堂教学模式探索［J］. 中华活页文选（教师版），2022（4）：30.

［8］黄美敬. 浅谈小学语文综合性学习教学策略［J］. 读与写（上，下旬），2014（18）：76.

［9］黄涛，龚眉洁，杨华利，等. 人机协同支持的小学语文写作教学研究［J］. 电化教育研究，2020（2）：108-114.

［10］李荣芬. 小学语文综合性学习教学探索［J］. 语文建设，2019（4）：39-42.

［11］李雅琦. 小学语文体验式学习的实践［J］. 电脑爱好者（电子刊），2020（5）：2997.

［12］李艳. 小学语文教育创新实践研究［M］. 长春：吉林文史出版社，2021.

［13］廖先. 小学生阅读策略探究：学理辨析与框架建构［J］. 语文建设，2019（10）：28-31.

［14］刘吉才. 指向表达的小学语文教学［M］. 北京：中国书店，2019.

［15］刘锦华，吴欣歆. 小学语文课堂教学评价：现实困境、原因分析与改进策略［J］. 语文建设，2023（16）：4-7.

［16］刘选德. 浅析如何实施小学语文探究式教学［J］. 软件（电子版），2020（1）：44.

［17］刘雅珊. 小学语文教育研究［J］. 中文信息，2017（12）：134.

［18］刘月. 小学语文写作教学创新策略探究［J］. 安徽教育科研，2023，（28）：33-35.

［19］鹿丽丽，王玉. 小学语文有效教学策略探析［J］. 现代中小学教育，2011（8）：41-43.

［20］牛丽菁. 中小学阅读教学的价值异化与回归［J］. 教学与管理（中学版），2019（7）：39-42.

［21］潘蕾. 小学语文分级阅读教学策略探析［J］. 语文建设，2023（20）：73-75.

［22］孙淑文. 小学语文阅读教学中语言表达训练时机的把握［J］. 教学与管理（小学版），2014（7）：44-45.

［23］王惠惠，于忠海. 小学语文阅读教学工具化反思［J］. 教学与管理（理论版），2016（12）：80-83.

［24］王喜峰. 小学语文口语交际教学的优化策略［J］. 家长，2023，（24）：149-151.

［25］王秀娟. 浅析小学语文教学中复述能力的培养策略［J］. 语文建设，2023（16）：76-78.

［26］吴海燕. 浅析小学语文教师如何提升学生的文学素养［J］. 都市家教（下半月），2015（6）：123.

[27] 夏家发，陈嘉怡，向枣林. 小学语文拼图式写作教学策略研究［J］. 内蒙古师范大学学报（教育科学版），2020，33（1）：91-93.

[28] 肖同玲. 新时代小学语文教学策略研究［J］. 语文建设，2023（20）：83.

[29] 徐凤杰，刘湘，张金梅，等. 小学语文教学生活化的策略与研究［M］. 长春：吉林人民出版社，2021.

[30] 杨德伦. 小学语文教育创新实践［M］. 北京：光明日报出版社，2018.

[31] 张道明. 基于古诗词特点的小学语文教学策略［J］. 教学与管理（小学版），2013（12）：29-31.

[32] 张凤秀，张玲，罗润波. 小学语文单元整体教学的实施策略［J］. 新课程研究，2023（16）：39.

[33] 张剑萍. 小学语文如何提升学生的语言能力［J］. 基础教育论坛，2023（1）：62.

[34] 张巧文，陈思静. 小学语文阅读教学中师生平等对话的方法研究［J］. 当代教育论坛，2010（3）：33-35.

[35] 赵凌澜. 小学语文写话教学研究［D］. 桂林：广西师范大学，2017：3.

[36] 钟艳，郑娟娟. 借助微课创新小学语文识字写字教学［J］. 广西教育，2018，（32）：39-41.

[37] 朱玲. 新课标下小学语文阅读教学创新路径探究［J］. 格言（校园版），2023，（30）：50-52.